"2021年乡村振兴论坛·广西"发布推介成果
广西首批高端智库建设培育单位研究成果

振兴实践："壮美广西·乡村振兴"特色案例2021

广西乡村振兴战略研究院
人 民 网 广 西 频 道 编

ZHENXING SHIJIAN
ZHUANGMEI GUANGXI XIANGCUN ZHENXING
TESE ANLI 2021

中国农业出版社
北 京

振兴实践："壮美广西·乡村振兴"
特色案例2021

本书编委会

前言 FOREWORD

习近平总书记强调，从中华民族伟大复兴战略全局看，民族要复兴，乡村必振兴。2021年4月，习近平总书记在广西考察时强调，全面推进乡村振兴的深度、广度、难度都不亚于脱贫攻坚，决不能有任何喘口气、歇歇脚的想法，要在新起点上接续奋斗，推动全体人民共同富裕取得更为明显的实质性进展。尽锐出战打赢精准脱贫攻坚战、全面建成小康社会后，进入了全面推进乡村振兴的新征程，这是“三农”工作重心的历史性转移。

广西深入贯彻落实习近平总书记关于“三农”工作重要论述和对广西工作重要指示批示精神，把巩固拓展脱贫攻坚成果与全面实施乡村振兴战略一体推进，聚焦产业振兴、人才振兴、文化振兴、生态振兴、组织振兴持续发力，推动乡村“形、实、魂”协同发展，促进农业高质高效、乡村宜居宜业、农民富裕富足。全区各地在加快推进乡村振兴的道路上，积极探索，创新实践，涌现出了一批产业兴、生态美、乡风好、生活富、组织强的独具边疆民族地区壮美特色的乡村振兴特色案例，他们有的产业发展旺、有的生态环境美、有的文化乡愁浓、有的文明乡风好、有的农民生活富、有的基层组织强、有的在脱贫后快步迈上振兴路。

广西乡村振兴战略研究院、人民网广西频道一直以来深度参与和直接服务于广西乡村振兴事业，致力于发掘总结广西乡村振兴实践典型、推介推广广西乡村振兴特色经验，并从2020年6月开始面向全区14个设区市111个县（市、区）组织开展了“壮美广西·乡村振兴”案例征集活动。聚焦产业兴、生态美、乡风好、生活富、组织强五个方面，经过市县乡村振兴业务主管部门推荐以及组织专家评审，征集活动共遴选出30个“壮美广西·乡村振兴”年度特色案例。2021年9月，由人民网、中国合作经济学会、中共广西壮族自治区委员会农村工作（乡村振兴）领导小组办公室、广西壮族自治区农业农村厅、广西壮族自治区商务厅联合主办，广西乡村振兴战略研究院、人民网广西频道等共同承办的“2021年乡村振兴论坛·广西”在南宁市举办，并对30个“壮美广西·乡村振兴”年度特色案例进行了发布推介。

为更好展示、宣传、推介广西乡村振兴的实践探索和典型案例，广西乡村振兴战略研究院、人民网广西频道组织人员对30个“壮美广西·乡村振兴”年度特色案例进行了进一步的深入调查研究和经验总结，并汇编整理、成册出版，旨在为广西乃至全国各地推进乡村振兴提供借鉴参考。

本书编委会

2021年9月20日

目录 CONTENTS

山水风光美如画，小桥流水绕人家；
豆腐文化扬天下，新村抱朴气自华。
她是桂林市城乡融合发展改革集成的精品，
形实魂相得益彰的全国旅游特色名村。

鲁家村

鲁家村在实施乡村振兴战略过程中，创新“党建＋旅游＋生态”模式，树立“绿水青山就是金山银山”的理念，发展集豆腐文化体验、观光摄影、餐饮住宿为一体的产业生态观光游和乡村民俗休闲游，使得全村的发展方式和村民生活得到根本性改变。该村集体经济收入从2009年的6000元增加到2019年的21万元，人均年可支配收入从2009年的4000元增加到2019年的2万多元。鲁家村以其丰厚的文化底蕴、丰富的旅游资源、良好的人文素养，吸引着越来越多的中外游客旅游观光，焕发出源源不竭的活力，谱写了走好中国特色社会主义乡村振兴之路的新篇章。先后入选广西旅游特色名村、广西首批16个特色名村。

聚焦风貌改造，塑“形”美村。改造前村庄房屋破旧、布局零乱，污水直排入江，村貌与周边优美的山水风光极不协调。改造后整村建成联排式桂北民居糅合徽派元素风格的房屋98栋，融合了坡屋顶、小青瓦、花格窗、白粉墙、青石板等建筑元素，与周围的山水相得益彰，游客能观赏山水田园风光，漫步小桥流水人家，浸润民俗民风文化，尽享都市世外桃源的美好。

打造文化品牌，铸“魂”立村。鲁家村是桂林市有名的“豆腐村”，制作豆腐已有400多年历史。该村在改造中大力挖掘、传承、弘扬“豆腐文化”，建立起豆腐广场、豆腐坊，推出了豆腐宴，用古法制作的豆腐脑、豆腐鱼、煎豆腐、炸豆腐等豆腐制品成为一绝。2011年以来，桂林秀峰“三月三”民族歌圩节已在鲁家村成功举办多届，成为桂林市新的文化品牌，荣膺“2012年节庆中国榜最佳传承弘扬传统文化节庆”称号。

发展旅游产业，筑“实”兴村。新村改造前，鲁家村只有7家农家乐，还没有营业执照。改造后，鲁家村逐步探索出一条“生态休闲＋饮食品味＋民俗体验”的路子，家家户户有房屋出租，家家户户开民宿、开酒店、开餐馆。原来外出务工，现在在家当老板；原来下田干活做苦力，现在洗脚上岸吃旅游饭。鲁家村的发展方式和村民生活得到根本性改变，村级集体经济收入和人均年可支配收入大幅增长，是桂林市近年来城中村改造的典范和桂林市城乡融合发展改革集成的精品。

石井村

白墙黛瓦，茉莉花开；村在花中，花在村中；德治美治，形实魂融。

好一朵美丽的茉莉花，好一缕清新淡雅文明香，好一个兴旺和美小康村！

全国文明村镇、全国绿色小康村名副其实。

石井村紧紧抓住横州市开展乡村振兴家园、田园、产业园、生态园“四园共治”试点建设的契机，积极探索乡村美、产业旺、农民富、治理优的乡村振兴之路，打造集人和居美的家园、乡愁甜美的田园、发展壮美的产业园、各美其美的生态园于一体的横州市乡村振兴试点，为全区乃至全国探索乡村振兴样本。先后获得全国文明村镇、全国绿色小康村、100个自治区乡村振兴改革集成优秀试点村（社区）、自治区先进基层党组织、自治区五星级农村基层党组织、广西村民自治模范村、“美丽广西”乡村建设示范村、广西优秀“一村一品”村镇、全区民主法治示范村、全区村务公开民主管理示范村等各级荣誉称号40多项。

构建“家园”治理机制，塑造乡村之“形”。一是建立“五个一”工作机制，推动村容村貌向特色化转变。编制一个规划，突出茉莉元素，聘请专业公司进行村庄规划设计，与现代产业园、中国茉莉小镇同步推进。

成立一个专班，落实党政“一把手”负责制，实行“日报告”工作制度。构建一张网格，实行村屯“片长制”，实现风貌常态长效化管理。召开一轮大会，召开村民理事会、户主大会和乡贤会，广泛汇聚各方力量和智慧。组织一批整治，深入推进“三清三拆”等环境整治行动。截至2020年底，全村已完成农房外立面改造，形成了白墙黛瓦、茉莉绽放，具有鲜明横州市特色的“世界茉莉花都”建筑风貌。二是创新实施政治、自治、法治、德治、智治、美治“六治机制”，推动乡村治理现代化。坚持政治引领，充分发挥村级党组织、党员模范引领作用，开展主题教育活动抓好党建。扩大自治基础，把精神文明等建设纳进村规民约，推行屯级协商制度，使矛盾化解在基层。铸牢法治保障，持续推进“扫黑除恶”专项行动，严厉打击各类违法犯罪活动。倡行德治先导，开展道德模范、最美家庭等评先创优表彰活动，厚植爱党爱国、向上向善力量。强化智治支撑，利用“数字茉莉”防疫系统，实现数据网络联防联控。突出美治特色，将茉莉元素嵌入农房外立面改造、在房前屋后种植茉莉花，实现“花在村中、村在花中”。截至2020年底，已开展主题教育宣讲活动8场，覆盖2300人，农村矛盾纠纷化解成功率达98%，群众满意度达100%。

建立“田园”治理机制，铸牢乡村之“魂”。一是健全长效机制。开展花田整治行动，建立网格化管理“园长制”，对中华茉莉园核心区违建花棚进行集中整治，将禁止违建花棚列入村屯村规民约，实现常态化管理。发展壮大茉莉花盆栽，成立茉莉花盆栽流通协会，提档升级茉莉盆栽示范基地，构建集直播销售、电商培训、观光、科研于一体的茉莉花盆栽产业。截至2020年底，已完成中华茉莉园违建花棚整治360个，迁移风景树1800亩*，新建花农停车棚5个、工作亭320个；茉莉花盆栽总规模达50亩约30万盆，产值达200万元以上。二是弘扬茉莉文化。传承优秀家规家训家风，充分挖掘传统历史文化资源，努力营造“家风正、民风淳”的良好氛围。先后挖掘韦氏、李氏等家族一批优秀家规家训，并通过家风家规宣讲活动带动社会文明新风。推动传统文化守正创新，升级“一室一训一目录”，改造升级村史室，深度挖掘村史文化、庙宇文化、历史名人故事等传统民俗文化。全村共成立7支文艺队，会演12场次，固定参演人员60多人。

建立“产业园”治理机制，充盈乡村之“实”。一是健全利益联结机制。健全“村—企”利益联结机制。落户在石井村的花企有11家，其中规上企业4家，为该村提供了320多个就业岗位，实现茉莉花批量收购。健全“农村土地—村级集体经济组织”利益联结机制。制定石井村全域土地综合整治实施方案，通过建设用地增减挂钩约2.13公顷，产生指标交易收入约64万元，整治产生的收益按比例返还村集体。健全“村级集体经济组织—农民”利益联结机制。实施石井商业街外立面茉莉花元素风貌改造，村民以临街铺面入股合作社，村级股份合作社将临街铺面整体打包对外招商，所得收益由村集体和村民按比例分红。二是发展农业特色产业。推进茉莉花种植标准化，目前已建成5000亩的水肥一体化标准种植基地，茉莉花花期可延长1～1.5个月，亩增产约100公斤。推进农业产业数字化，全面推行“数字茉莉”平台，该村所有花农使用数字茉莉卡进

* 亩为非法定计量单位，1亩＝1/15公顷。

行交易，实现溯源和科学定价。推进生产经营组织化，推广“公司＋农户＋基地”等模式，实现现代化种植管理和保价收购。创新延伸产业链，在石井村建设茉莉极萃园、中国茉莉小镇等项目，壮大香茹怡茉等本土茶企，引进北京张一元等国内知名企业，打造茉莉花“1＋9”产业集群。创新延伸价值链，结合传统酿酒技术开发茉莉花酒，将茉莉花废弃老桩发展为盆栽，依托本地电商将产品销售至全国各地。2020年，石井村种植茉莉花5000亩，年产鲜花约9000吨，花价均在11元/斤以上，更高端、更多元的茉莉花市场需求正在石井村应运而生。

建立“生态园”治理机制，凝聚乡村之“力”。一是突出群众主体地位。实现环保人人参与，广泛发动群众参与乡村振兴，党员带头开展“三清三拆”、捐资捐物等，2020年共有60多名党员干部返乡参与乡村建设，群众捐款10多万元。实现生态人人共享，大力发展康养文旅项目，投资

945万元完成江河流域治理6300米，将生态资源变为旅游产业，让更多群众获得生态文明带来的“绿色福利”。二是发挥集体自主作用。推动集体经济抱团发展，通过“抱团发展”模式，联合其他村级股份合作社整合资金480万元，建设茉莉鲜花交易市场，委托市国有资产平台公司经营管理，实现村级集体经济年收入5万元。推动集体经济抱团招商，争取到市委组织部支持石井村商业街开发集体经济项目资金183万元，用于启动该项目的招商运营前期工作。

南宁市西乡塘区石埠街道

忠良村

首批国家田园综合体项目试点，南方美丽休闲乡村的典范，广西首府南宁的“后花园”，一块镶嵌在邕江畔的温润美玉，亦农亦旅，宜居宜业，有着城里人心驰神往的田园牧歌。

忠良村是南宁市西乡塘区石埠街道的行政村，全村总面积约4平方公里，共有居民561户，2117人。忠良村坚定不移深入实施乡村振兴战略，采取“以游富民”措施，按照调优配强班子、发展特色经济、培育新型农民、创造幸福生活的工作思路，紧贴本村实际，积极探索建设新时代美丽乡村的新路子。先后获得中国最美休闲乡村、中国最美宜居村庄、全国生态文化村、无粪便暴露村庄（联合国儿童基金会）、全国文明村、全国综合减灾示范区、中国体育旅游精品景区、全国森林乡村、全国乡村旅游重点村、“美丽广西”乡村建设示范村、广西绿色示范村屯、广西综合减灾示范区、“美丽广西·宜居乡村”综合示范村屯等荣誉称号。

三产融合提速经济发展。扎实推进一二三产业融合发展，以国家级田园综合体建设为契机，以建设美丽乡村为切入点，突出“领略自然田园风光与运动健康”主题，充分挖掘民俗旅游文化资源，从“农家乐”到历史留痕展区、农具展区，处处都融入了具有本土特色的民俗文化元素，提高了忠良村乡村旅游文化档次，吸引了大量游客前来参观学习。2019年，美丽南方田园综合体接待游客约239.92万人次，旅游总收入7196万元；其中，忠良村接待游客约120万人次，旅游总收入4700万元。

整村改造提亮人居环境。按“修旧如旧”原则，认真规划设计，进一步推进宜居乡村建设，着力加快基础设施建设，彻底整治乱搭滥建现象，加强美化亮化工作，打造精品，将忠良村规划建设成具有显著风貌特色，基础设施和公共服务设施配套完善，环境优美、特色鲜明、和谐宜居、生活富裕、美丽文明的幸福乡村。以习近平总书记“绿水青山就是金山银山”理念为指导，以改善生活和发展环境、维护区域生态安全为目标，坚持走生活富裕、生态良好的文明发展道路，营造水更清、天更蓝、地更绿的人居环境。

新风培育提升文化内涵。实施民主法治建设工程，创新社会治理手段。实施文明新风培育工程，以培育和践行社会主义核心价值观为重点，推动习近平新时代中国特色社会主义思想在群众中落地生根、入脑入心。实施移风易俗工程，建立健全村规民约，推动“治陋习、树新风”活动开展，推动形成文明新风尚。实施基层文明创建工程、文化引领工程，加强基层文化阵地建设，完善村级党群服务中心、群众文化休闲广场、篮球场等基础设施建设，深入开展文化、科技和文艺进基层等各类文化活动，提高群众文化素养和生活品质。通过一系列措施，全村社会文化得到长足发展，公共服务事业完备，文明程度和现代化程度大为提升，呈现和谐、繁荣、稳定、文明的美丽新村气象。

现代农业作示范，乡村治理辟新径，城乡融合领发展。五彩是她的底色，幸福是她的注脚。她是中国美丽休闲乡村、首届全国农村幸福社区建设示范单位。

玉林市玉东新区茂林镇

鹿塘社区

鹿塘社区位于广西“五彩田园”现代特色农业示范区核心区内，成立于2014年5月，辖区面积3.9平方公里，社区辖7个片区，14个居民小组。社区党总支部下辖2个支部，共有48名党员，组建社区志愿者服务队1支。先后获得中国美丽休闲乡村、首届全国农村幸福社区建设示范单位、自治区生态村、自治区级农村社区建设试点社区、自治区先进基层党组织等荣誉称号。

改革农村产权制度激发新动能。鹿塘社区是玉林市乃至全广西率先实现农村“六权”(农村集体土地所有权、土地承包经营权、集体建设用地使用权、集体建设用地上房屋所有权、林权、小型水利工程产权）确权登记颁证的村屯之一。通过确权解决了村民农地入市的后顾之忧和经营主体流转经营的权能问题，并在此基础上，组建了玉林市首家土地股份专业合作社，以土地入股、流转发包等形式与进入“五彩田园”的经营主体合作开展现代农业开发。目前合作社拥有会员404人，其中党员25名；流转水田、林地2037.89亩，占全村耕地面积95%以上。社区党员充分发挥先锋模范作用，带头参与专业合作社，实行规模化经营，成功引进隆平高科、中农富玉等创新型企业打造超级稻示范基地、海试区核心区科技种植示范基地等高科技农业示范基地，建设了高科技农业展示馆，实施了蓁蓁农业、樱花园、荷塘月色等一批产业项目，大力发展现代农业和观光农业，推动仅有一产逐步向一二三产业融合发展。

发展休闲农业和乡村旅游打造新业态。发挥作为“五彩田园”核心区的优势，将园区平台对资金、技术、人才、新型经营主体等的集聚效应引向新产业打造和新业态培育，推进农业与前后环节、上下游产业连接，重点瞄准休闲农业、乡村旅游、农村电商、实训培训等方面突破，已有农业嘉年华（中国现代农业技术展示馆）、樱花园、隆平高科援外实训中心、耕读山庄、生态餐厅、鹿塘社区饭堂等一批产业融

合项目在鹿塘社区落地，不少村民则以此为契机经营起了农家乐、民宿、采摘园等农旅项目。据不完全统计，2019年，鹿塘社区辖区范围内农家乐营业额超过5000万元。截止到2020年7月，鹿塘社区成立了耕读山庄、栗园客栈、云海雅舍、田园饭店等16家农家乐。特别是在农村电商发展方面，建设并上线了淘宝特色中国玉林馆，沿园区主干道打造了东盟土货街，全村102户村民每家还腾出一间空房子简单装修后作为开展民宿经营、旅游推介、土货展销等电子商务的场所，2015年12月，中国电子商务协会授予鹿塘社区“中国电商旅游第一村”荣誉称号。

整治保护生态环境焕发新风貌。鹿塘社区积极践行党的十八大提出的乡村振兴战略和习近平总书记“绿水青山就是金山银山”的发展理念，把乡村环境整治和环境保护作为工作的重点来抓。一是建设了四个污水处理池，将居民家中的污水收集统一处理，达标后排放，让污水不外流，彻底改变了以往走进社区时“未见其貌、先闻其味”的体验，污水在村中不再横流。二是开展了“三清三拆”行动，清理了居民房前屋后乱堆乱放的垃圾及柴草杂物；清理沟渠坑塘，将排水的

沟渠由明渠改为暗渠或者做相关遮掩；清理畜禽粪便，拆除影响环境的临建乱建房屋和旧村落的残垣断壁；将清理出的场地改造成小菜园、小花园、小果园，极大地提升了各村屯的人居环境和品位。三是加大保护生态的力度，在隆平高科杂交水稻种植示范基地不使用任何农药，示范展示高质高效的农业生产技术和耕作方式，引领农业绿色发展；采取多项措施开展环境保护工作，包括对河道进行疏浚、引导农民规范使用农药、推广农作物绿色防控技术等，以及对影响生态环境的2家企业实行“关、停、并、转、改”，居民生活环境得到根本性改善，成为“五彩田园”园区中宜居宜业的美丽乡村。

贵港市覃塘区覃塘街道

龙凤村

覃塘可采莲，莲叶何田田。党建领航指引了小康路，村民自治开出了幸福花。这里交出了产业兴、治理美的优秀答卷，赢得了中国美丽休闲乡村的美誉。

龙凤村位于覃塘街道北部，209国道、贵隆高速穿境而过，距离高速出口约800米，离集街道3公里，地理位置优越，交通十分便利。全村共有15个屯，主要经济来源为发展莲藕产业以及旅游带动的三产收入。先后获得“美丽广西·清洁乡村”十佳村屯、全国农村村民自治示范点、全国休闲农业与乡村旅游示范点、全国“一村一品”示范村镇、全国乡村旅游重点村（首批入选）、中国少数民族特色村寨等荣誉称号，“荷美覃塘”被评为国家AAAA级旅游景区、五星级广西现代特色农业（核心）示范区。

党建引领，凝聚发展合力。一是选优配强“一组两会”（即党小组+户主会+理事会）主要成员。选好任强党小组组长，对出缺的主要成员及时补齐，充分发挥“一组两会”的带领作用，协商自治机制管理村屯中大小事务。二是加强党员密切联系群众。构建“党员中心户”，每名党员负责联系10户农户，及时了解群众心声，为群众排忧解难。三是网格化管理，组团式服务。结合实际情况，由党小组牵头，“一组两会”成员、村民代表等担任网格员，定期联系服务网格内农户，形成“党小组—党员中心户—群众”的网格化服务管理。四是围绕中心，党员示范，群众参与。组建微信群及时收集群众意见建议，在屯内公开栏及时公开村务、财务及相关政策，充分发挥党员先锋模范带头作用，不断提升乡村治理水平。

多措并举，助推乡村治理。一是坚持规划先行。龙凤村平田屯根据地域特点，充分征求村民意见，坚持规划先行，多次邀请设计公司相关专家到屯、到户进行规划设计。二是大力实施“三清三拆”和美化村庄环境。屯内以“零补偿”拆除危房、旧房28栋共3200平方米，完成增减挂钩5亩，立面改造约1.2万平方米，清理水利沟渠3公里，清理屯内垃圾上百吨，硬化道路1.2公里，绿化亮化约1.5公里，种植桂花树、香樟树、果树等1000多株。屯内实行全天候保洁，各户做好房前屋后保洁工作，并自主建成微菜园、微田园。三是“特色产业+乡村旅游”助推乡村振兴。平田屯充分利用“荷美覃塘”区位优势，大力发展产业，精心打造集“荷文化”“壮文化”“茶文化”为一体的生态宜居乡村。2019年，平田屯成立专业合作社种植莲藕1800亩，屯内建成8家农家乐、3家家庭旅馆、2家网店、20个旅游摊点，通过“特色产业+乡村旅游”，切实提高群众收入，提升群众获得感、幸福感。四是大力发展壮大村级集体经济。采取建强基层组织、健全制度措施、盘活资产资源、加大扶持力度、注重示范引领等五项措施发展壮大村级集体经济。2019年，龙凤村通过村委茶场承包、富伟茶业集体分红、集体经济分红等获得经济收入7.5万元。

村民自治，净化村风民风。在自然村屯推行“一组两会”协商自治制度，在屯级重大事项方面做到有事好商量、众人的事众人商量，实现群众自我管理、自我服务、自我监督，探索出一条村民自治的新路子。坚持屯内基础设施建设、产业开发以及公益事业管理均交由村民自主进行。制定本屯村规民约，规定了环境卫生、红白喜事等各方面的内容，建立门前三包、分区包干的长效管理机制，强化村屯理事会和群众之间的相互监督。通过村规民约、村民自治，培养群众良好习惯，为乡村振兴打下了良好的基础。

贺州市富川瑶族自治县

下湾新型农村生态社区

背倚西岭森林，东揽龟石湿地，依山傍水的下湾新型农村生态社区，以全域城镇化的理念实施整村统一规划建设，打造了一个宜居宜商宜游的城乡融合新型社区。

下湾新型农村生态社区位于贺州市富川瑶族自治县柳家乡西北部，距县城10公里，面积约340公顷，辖下源、茅刀源2个自然村，共221户991人。先后荣获贺州市生态文明村、贺州市“精品村”、贺州市脐橙村、贺州市文明信用村、自治区卫生村、广西“绿色村屯”、自治区五星级基层党组织、广西县级现代特色农业示范区、广西休闲农业与乡村旅游示范点、全国第一批绿色村庄、全国改善农村人居环境示范村、全国美丽宜居村庄、中国村庄2019年幸福村等多项荣誉称号。

“5＋5”工作法强化党的领导。下湾社区以党建引领为核心，凝聚和发动广大干部群众为基础，探索和推行“5＋5”工作法（即支部＋理事会，强化组织领导；议事会＋小喇叭，凝聚发展共识；产业扶持＋培训扶智，增强“造血”功能；宅基地流转＋项目整合，建设美丽新村；农村社区＋文明公约，实现文明和谐），有效强化了党组织在乡村振兴中的领导地位。全面推行党务公开和村务公开，采用“四议两公开”工作法决定村级重大事务，实行民主决策，阳光运行。将村里有威望、有能力、公道正派的老党员、老干部组成理事会，对村级事务决策、村级财务管理实行全程监督。加强党员教育管理，引导党员做到带头学习提高、带头争创佳绩、带头服务群众、带头遵纪守法、带头弘扬正气，培育了一支谋事、干事、成事的村级班子队伍。

农文旅融合促进产业兴旺。下湾社区结合实际，以西岭国家森林公园、龟石国家湿地公园、现代特色农业示范区建设为依托，重点打造集生态特色种植、休闲农业和乡村旅游为一体，瑶族文化和道教文化相融，具有瑶族古村落特色的生态休闲养生旅游示范区。成功引进华润三九集团旗下广西锦沐仁和公司等3家中草药材公司，建设岗梅、九里香、两面针、鸡血藤、天冬、三叉苦、铁皮石斛等中草药材种植基地共5000多亩；利用优质野生蜜源资源，成立富川第一家林下养蜂贫困户专业合作社；通过土

地流转整合2000多亩土地，重点发展以脐橙为主的柑橘产业。示范区内建有富川脐橙、黑木耳、蜜橘、野竹笋、铁皮石斛等土特产集中销售区，瑶家手工油茶、油炸粿条、湿地鱼仔干、带皮牛仔肉、长寿粉条等农家特色美食餐饮区和贺州市目前唯一一家卡丁车俱乐部（下湾竞速卡丁车俱乐部）。下湾社区已构建形成以特色水果、林药经济、林下养蜂和乡村旅游为支柱产业的格局，为乡村振兴注入了源源不断的旺盛活力。

“六统一”和“两自主”打造生态乡村。通过政府引导、理事会组织、群众自愿、平等协商的办法，下湾社区在全县率先开展农村宅基地探索流转并取得成功。通过对下源、茅刀源老村宅基地进行流转，整合规划住宅用地200亩，按照“六统一”和“两自主”（统一拆旧办法，统一平整场地，统一供水排污，统一道路建设，统一绿化美化，统一建公共设施，自主选择房型，自主整治庭院）的要求，新建201座、改造97座具有瑶族特色的民居，硬化村道2900米，新修机耕道3000米，建成瑶族村大门、社

区公共服务中心、幸福院、篮球场、文娱鼓楼、蝴蝶对歌风雨桥、给排水排污管道、污水处理中心等一批公共基础设施。实行“户分类、组清扫、村处理”垃圾处理模式，逐步打造形成以瑶族古村落特色的生态山水田园为景观基底，以慢生活、慢休闲、慢运动为主题，集民宿、农家乐为一体，瑶族文化和道教文化相融的生态休闲养生旅游乡村。

“三治并举”打造文明村风。下湾社区十分注重提高精神文明建设水平，努力营造文明村风。通过召开村民代表会议、村民大会，制定并通过村民认可的切实可行的村文明公约，引导村民依规行事。通过法制课堂、发放宣传单等方式强化村民法制教育，提高村民的道德和法制意识。近几年来，村中无违法乱纪现象，邻里和睦，和乐融融。下湾社区大力组织、丰富群众精神文化生活，培养健康生活情趣。举办“蝴蝶山歌”演唱赛、篮球比赛、拔河比赛、读书活动等文体活动，让村民在活动中增强体质，陶冶情操，促进团结，凝聚推动全村发展的正能量。下湾社区大力建设社区公共服务中心、幸福院、儿童家园、妇女之家、篮球场、文娱鼓楼、蝴蝶对歌桥、图书室等公共设施，常态化开展文娱体育活动，大力宣传党的路线、方针、政策及社区新风尚。利用小喇叭便捷有效、覆盖范围广、宣传方式灵活等特点，定期播放时事政策、生产信息、扶贫动态和政务村务等群众关心的热点问题，有效提升社区居民文化品位。以“群团组织＋社会组织”强化人文关怀氛围，通过开展公开承诺践诺、扶贫攻坚我先行、党员结对帮扶贫困户等活动，充分发挥党员在帮扶帮困中的示范带头和协调服务作用。以德孝文化为载体积极培育社会主义核心价值观，为留守儿童点亮微心愿，开通亲情热线和视频电话，社区上下形成浓厚的人文关怀氛围。

“服务＋电商”构建综合为民服务平台。整合多方资源，建设便捷高效、务实为民、看得见、摸得着、得实惠的综合为民服务平台。建设以党建为中心，融合政务、金融、便民服务等多功能于一体的公共服务中心，为基层党员群众提供便捷、高效的服务，切实推动基层党建工作向深度和广度拓展，夯实基层党组织建设。依托下湾脐橙、铁皮石斛、野生蜂蜜等生态农业产业和休闲旅游资源优势，积极开展瑶乡特色“党旗领航·电商扶贫”行动，全面推动特色产业、农村电商扶贫。下湾社区村民年人均可支配收入达18000元，村民安居乐业、生活宽裕幸福。

柳江河畔，山环水绕的城中“绿肺”，利用得天独厚的山水资源、区位优势和乡村文化，发展集餐饮、民宿、骑行、休闲为一体的生态旅游。她是城市“半小时乡村旅游圈”，全国百佳乡村旅游目的地。

柳州市城中区静兰街道

环江村雷村屯

莲花山麓，乡愁悠悠。雷村屯是柳州市城中区静兰街道环江村委最大的自然村，有137户625人，位于柳州市区“绿肺”——莲花山保护区东面，距市中心15公里，依山傍水、三面临江，风光旖旎、底蕴深厚，是柳州市的“后花园”。雷村屯及其所在的环江村先后获得全国百佳乡村旅游目的地，自治区五星级党组织、五星级乡村旅游区、绿色村屯、示范村屯、广西十佳文博研学线路，以及柳州市十大美丽乡村、红旗村党组织、首批理论宣讲示范基地等各级荣誉称号。

产业发展劲足，村民致富路宽。由于人多地少，年轻人多外出打工，为吸引村民回乡创业，雷村屯在区委区政府指导和扶持下，想方设法带领村民发家致富。一是全力抓好特色水果基地建设和品牌创建。雷村屯大量种植龙眼和红肉蜜柚等特色水果，有党员种植示范户3户、水果种植合作社3个。二是以“公司+农户”的方式，组建旅游开发公司，利用得天独厚的山水资源和区位优势，发展集餐饮、住宿、骑行、休闲于一体的生态旅游项目，为村民拓展增收渠道，打造市民“半小时乡村旅游圈”。引资投入3400多万元打造“朴树·繁花”“乡亲农家苑”等7家特色餐饮、民宿企业，每到节假日各地游客络绎不绝，农产品供不应求。

服务功能优化，村屯文化丰富。村民养老保险待遇全市最高；举办多期致富技能培训班；整合优质教育资源，采取“名校+村校”模式促进教育均衡；律师挂点村屯服务，矛盾纠纷调解成功率达98%；新建村级综合服务中心、乡贤学院、小广场、篮球场、戏台、村史室、卫生计生服务室等，增强服务功能；古老社王节及龙舟队、文艺队、篮球队等活动活跃在村屯舞台。广泛开展篮球联赛、群众议事会、乡村文明示范户评选、村志村史编写等活动，不断提高村民综合素质，带动整个城中区掀起送文化、送科技、送卫生、送法律下乡的高潮，不断提升服务惠民水平，满足农村群众精神文化生活需求。

基础设施提升，靓丽名片初显。随着环江滨水大道全线贯通，近几年的世界铁人三项赛和环广西公路自行车世界巡回赛均经过雷村屯，风光旖旎的雷村屯之美在世界昂然绽放。2017年，在柳州市委、市政府的大力支持下，投入9180多万元将雷村屯打造成“美丽柳州”乡村建设综合示范样板，改造村屯房屋风貌、屯内道路、厨房厕所，建设村级综合服务中心、游客服务中心、自行车骑行驿站、池塘景观、绿化景观、古渡遗风码头、污水处理设施，安装大功率LED路灯等，促进城乡融合发展。

示范效益倍增，共唱幸福欢歌。雷村屯通过策划龙眼节、蜜柚节、农村趣味运动会等活动，带头发展节庆经济，带动乡村旅游，拉长产业链，让百姓的荷包鼓起来；建设污水处理设施，每天有效处理80吨污水，从根本上解决污水排放“脏、乱、差”问题；最早成立并开放美丽乡愁纪事馆——雷村木工馆（馆址位于明代“柳州八贤”之首戴钦第十二代孙雷村屯居所），传承农耕文化、弘扬工匠精神。其余馆群如象棋馆、蜂蜜馆等已建设完成，使村屯文化世世延续、代代传承。雷村屯通过一系列的示范引领，辐射带动环江滨水大道沿线的河东村、柳东村、牛车坪村等村屯共同开展乡村建设、发展乡村经济。环江滨水大道成为城中区“美丽乡村”建设的风景带、文化带、旅游带。随着《柳州市莲花山保护条例》的实施和保护性开发力度的增大，山环水绕的雷村屯自然风光和馥郁芬芳的乡土人文气息将吸引更多的游客纷至沓来，开创新时代乡村振兴的新局面。

桂林市阳朔县阳朔镇

鸡窝渡村

山水印乡村，遇龙河边驻。这是甲天下山水画卷阳朔的着笔处，也是“五拆五清五建”综合整治打造的精品示范型村庄。

鸡窝渡村位于桂林市阳朔县阳朔镇，全村共160户600多人。近年来，阳朔镇党委、政府以抓党建促乡村振兴为切入点、以发展全域旅游为契机，把握住区位优势、资源优势，大力开展“五拆五清五建”，大幅提升乡村风貌，建设最美乡村，积极培育新业态，探索乡村旅游发展道路。通过充分发挥村党支部、党员的模范带动作用，引导村民积极培育生态农业、养生度假、精品民宿等旅游新业态，打造一批精品民宿，带动着乡村旅游健康快速发展，村庄一改过去贫穷落后面貌，成为乡村振兴一面旗帜、一个标杆。

曾经落后基础差，捧着金碗讨饭吃。鸡窝渡村位于风景秀丽的遇龙河国家级旅游度假区内，交通便利，旅游资源丰富，但过去村民发展意识弱，思想观念落后，“等、靠、要”思想严重。村内随意乱搭乱建，村道坑洼不平，垃圾随处乱扔，鸡鸭乱窜，粪便满地，污水横流，像鸡窝一样又脏又乱，没有游客进村游玩。村民人均耕地面积少，还时常被水淹，种植农产品产量不高，收入仅能糊口，“有女不嫁鸡窝渡”成为一句当地有名的顺口溜。

五拆五清五建设，换上新貌美如画。2019年，一场轰轰烈烈的“五拆五清五建”综合整治专项活动在遇龙河流域开展起来，处在遇龙河流域的鸡窝渡村再次来到发展的十字路口。在村“两委”的动员带领下，鸡窝渡村一步一个脚印走上了建设精品示范型村庄的乡村振兴之路。一开始，是“万事开头难”。精品村建设之初，大部分村民都不支持，“你们怎么做都行，拆我的房子就不行”。镇政府工作组和村理事会干部通过挨家挨户做好宣传、动员，组织部分村民代表和民宿老板到外地参观学习先进村庄建设的经验，让村民了解开展乡村风貌提升工作给村民带来的好处和实惠，村民们逐渐转变了思想观念，但大多数村民都还在等待、观望。接下来，是“从我家拆起”。村理事会干部带头主动拆除自家废弃房屋和围墙，工作组立马安排绿化美化。干部带头取得了立竿见影的效果，看到设计效果图上的美丽风景真切地出现在村庄里，越来越多的村民也积极参与到乡村风貌提升工作之中，自发协助拆除废弃房屋，清理房前屋后、道路沟渠。此外，部分热心群众和民宿酒店还捐款20余万元支持村内建设。再后来，就是“成为网红村”。人心齐，泰山移。得到村民的支持，“五拆五清五建”工作进入正轨之后，之前确定的规划设计得以完美实施，共完成立面改造135户，微庭院建设110户，铺设通信、电力管线下地1500多米，实现管线全部下地，建设村道2468米、旅游步道720米，修建排污管道4162米，绿化面积2万多平方米。村庄基础设施、村容村貌有了翻天覆地的变化，村容整洁、道路干净，绿树成荫、繁花似锦，村民房前屋后变成了微果园、微菜园、微花园，民房都变成了别墅。每个到过鸡窝渡村的游客都竖起大拇指，越来越多的人慕名前来，鸡窝渡成了网红村，被评为2019年阳朔县“十大最美乡村”。

培育旅游新业态，鸡窝飞出金凤凰。村庄美了，游客来了。在镇党委、政府的引导下，鸡窝渡村确定了以精品高端民宿为主导产业，以乡村旅居、度假休闲、滨水游赏为主导功能的乡村发展新路子。制定村规民约，引导村民自觉维护村庄环境；鼓励村民将房屋（宅基地）出租，发展精品民宿；进行土地流转，营造田园景观；通过电视、报纸、微信、抖音等平台大力宣传，扩大知名度。一系列举措收到了良好的效果，吸引了许多投资者到鸡窝渡村投资建设特色度假民宿酒店、农家乐项目，投资总额高达数千万元，培育了霁云上院、竹窗溪语、外泊家、闲心人家等一批精品民宿酒店品牌。除了租金收入，随着游客的增多，村民开展旅游创收的门路也增多了，如到景区或者民宿酒店就地务工，经营农家乐、民宿，出租电动车、自行车，卖小商品、纪念品等。

来宾市忻城县马泗乡

马泗村

都宜忻游击队革命根据地的发源地、全国“一村一品”示范村镇，闪耀的红色文化、淳朴的民俗民风、茂密的原始森林、广袤的五彩田园、天然的一级水源，她是来自忻城的壮美乡村。

马泗村位于忻城县西北部，属都（安）宜（山）忻（城）革命老区，距离忻城县城24.5公里。全村共7019人。近年来，该村在红色旅游、产业发展等各项领域结出硕果，带动村民脱贫致富奔小康，先后获得全国先进基层党组织、全国文明村镇、全国人口和计划生育基层群众自治示范村、全国民主法治示范村、全国“一村一品”示范村镇、全国妇联基层组织建设示范村等6个全国性荣誉称号。

整合优势资源，红色热土结硕果。马泗村是一片红色的热土。该村注重对红色文化资源的挖掘和保护，红色文化内涵不断得到丰富和拓展。2016年2月，在忻城县政府的支持下，成功开发了“都宜忻革命根据地马泗红色之旅”旅游项目。同时，将绿色发展、特色产业和脱贫攻坚相结合，因地制宜发展百香果、蓝莓、蜜丝枣、彩珍九叶青花椒等优质精品水果和蔬菜，采取“支部+公司+电商+贫困户”的模式发展电商扶贫，马泗村成了远近闻名的果蔬小镇和全国无公害果蔬生产基地。

落实“三清三拆”，重塑乡村风貌。在开展乡村风貌提升行动中，由乡领导班子成员、乡直单位干部、驻村第一书记、工作队员、村“两委”班子成员共同组成危旧房清理工作小组进村入户开展地毯式摸排，积极创新工作机制，强化宣传动员，充分调动群众参与危旧房清理工作的积极性，让广大群众从“要我拆”转变为“我要拆”。以“三清三拆”环境整治为契机，将地域文化与村屯改造融合，把红色文化外化于形，把风土人情具化于物，大胆探索符合乡情实际的乡村风貌提升路径。

狠抓德治法治，增能提效乡风治理。一是成立治安巡防队，创建民主法制示范村。治安巡防队以年轻党员为主要成员，由当地村民志愿参与，主要负责辖区内的治安巡防，维护辖区治安秩序，在公安机关指导下配合做好重点要害部位、重大活动的安全保卫工作。二是建立村级调解委员会、治安联防队，配备有专职调解员，确保矛盾在基层及时、依法调解，全村无“黄、赌、毒”、封建迷信等社会丑恶现象，社会治安良好。同时，还成立文艺队和男女篮球队，每逢重大节日都通过举行文体活动、文艺汇演、山歌比赛等丰富多彩的形式宣传党的富民政策。成立红白理事会，有效地遏制了红白喜事大操大办、铺张浪费的现象。现在的马泗村，村民遵纪守法、诚实守信、热情淳朴、邻里关系融洽。

突出民生保障，百姓安居乐业。积极推动政策性保险，2019年以来，城乡居民医疗保险、养老保险、农村低保等实现应保尽保。保险政策的兜底，既增强了村民抵御自然灾害和意外事故的能力，又调动了村民的生产积极性。在文化生活上，马泗村还在各村屯都建立了文化楼和文化室，利用广播、电视、杂志、图书、报纸来宣传时政要闻和党在农村的方针政策；建立党员干部远程教育多媒体教室和露天影院，通过远程教育平台和电影下乡的方式，开展多类别的学习教育活动，提高党员、群众的政治思想水平和科学文化素质。现在的马泗村，学科技、用科技蔚然成风，涌现了一大批科技能手和致富能人。

规范组织管理，踊跃创先争优。近年来，马泗村认真落实村级干部和村级工作规范化建设意见，强化班子建设，“公推直选”村委班子和党委书记，让有能力有影响力的村民进班子；狠抓党员培训，增强班子成员发展经济、带头致富、带领群众致富的能力，定制度规范管理，健全“三会一课”制度，实行“四议两公开”工作法，推行村级“阳光财务”制度，推行绩效考评机制，实施经济社会发展目标管理考评，开展创先争优活动，以争创“五好”支部、争当“五会”支书和“五星”党员，充分激发村干部队伍干事创业的内在动力，增强党员队伍的生机活力。

百色市西林县普合苗族乡

新丰村

她在“乡村振兴·争创五旗”中扛旗引领，是产业兴旺、生态宜居、乡风文明、生活富裕的红旗村，也是党建引领乡村振兴的“红富美”。

新丰村位于西林县境东部，是天生桥水电站淹没区搬迁的移民新村，全村三面环水，面积2.41平方公里，辖4个村民小组，共有89户384人。新丰村转变农业发展传统模式，因地制宜发展砂糖橘、庭院经济、生态旅游服务产业等经济业态，大力推动村级集体经济发展壮大，实现了村里有钱办事、能办事的目标。新丰村先后获得全国乡村治理示范村、全国野外休闲基地，自治区卫生村、自治区绿色村屯、自治区五星级党组织，百色市产业兴旺红旗村、生态宜居红旗村、乡风文明红旗村、生活富裕红旗村等荣誉称号。

产业兴旺铸就乡村振兴致富梦。一是因地制宜，大力发展特色产业。新丰村坚持把增加农民收入、促进农民致富作为着力点和落脚点，组建新型经营专业合作社，引进和成立农业企业，建设葡萄园经济走廊、食用菌厂、油茶种植基地、水果种植示范园、瓜果蔬菜采摘大棚等，大力发展柑橘、油

茶、蔬菜、食用菌、红心蜜柚等产业，全村村民产业覆盖率超过92.1%。二是推进“二园一区”现代农业建设。新丰村积极推进产业园、柑橘标准园和特色农业核心示范区建设，“二园一区”为新丰村产业兴旺提供了源源动力，帮助农民走上了致富小康路。

自然生态与美丽乡村完美结合。一是依托生态资源，优化乡村人居环境。新丰村森林覆盖面积186公顷，森林覆盖率77.34%，年均气温20℃，年均降水量1000毫升左右，珠江源头驮娘江流经境内。为使乡村人居环境与良好的生态资源相得益彰，新丰村大力实施人居环境提升改造工程，实施沿河路挡土墙建设、便民桥维修、污水管网建设等基础设施配套工程，多渠道积极争取资金实施垃圾分类清洁工程，设置垃圾分类投放点、配套垃圾运输车等，同时使用村级集体经济资金实施农村公共绿地、公共服务设施建设，乡村人居环境得到极大改善。二是依托生态资源，发展生态旅游。新丰村按乡村旅游胜地的标准，先后建设了八角亭、停车场、生活码头及钓鱼场、文化戏楼、钓鱼台等旅游配套设施，并积极引导群众大力发展生态养殖、休闲垂钓等旅游产业。自2012年以来，已连续举办了5届野外钓鱼大赛，吸引了来自全国各地的钓队参赛，打响了新丰村生态旅游品牌。通过举办野外钓鱼大赛，仅水面出租、钓位收费两项，每年就为村集体增收1.7万元。

乡风文明打造农村精神文明风向标。新丰村以党建为引领，以“一约四会二队”为抓手，通过“立约、传约、践约”倡导移风易俗新风尚，建设乡村新文明，助力乡村振兴。一是村民议事会激发自治活力。成立村民议事会，重点对村里的重大事项、重大问题和大额资金使用情况进行决议和全程监督，并对村委会各方面的工作提出自己的意见和建议。二是道德评议会规范道德行为。引导群众树立正确的价值观、道德观和是非观，客观公正、积极主动解决家庭、邻里、干群之间的矛盾纠纷，组织开展“好青年”“好媳妇”“好婆婆”“最美家庭”等评议活动。三是红白理事会推动移风易俗。红白理事会成员由德高望重、组织协调能力强、有影响力并热心此项工作的老党员担任，制定了红白理事会新规，破除陋习，反对大操大办、铺张浪费，

倡导喜事新办、丧事简办、厚养薄葬的理念，全面监督工作落实。

壮大村级集体经济铸就生活富裕村。一是盘活资产，拓宽增收渠道。把新丰村成立时预留的60亩集体山地出租给经济能人种植水果，每年租金收入5万元。通过土地流转，利用上级项目资金建设了农业大棚，然后将农业大棚出租给公司发展食用菌产业，每年租金收入3万元。将闲置的旧厂房重新修缮出租，每年租金收入5.5万元。仅通过以上盘活村集体资产项目，每年便可为新丰村村级集体经济增收13万余元。二是用足政策，确保增值。新丰村积极实施西林县委、县政府提出的发展贫困村集体经济“1110”工程（即购买1个商铺、入股1个市场、种植10亩水果），投入20万元在县城购买一个20平方米的铺面，委托给西林县开发投资集团有限公司统一经营管理，首年收取租金0.5544万元，之后每年上涨10%；投入15万元种植10亩果园，出租给农业龙头企业统一经营管理，年年租金收入超1.5万元。随着村级集体经济的壮大，新丰村大力健全公共服务场所、交通、娱乐等基础设施。新丰村被列为全县水库移民新村建设示范点以来，采取“政府主导、部门联动”的方式，整合资金1800多万元实施房屋改造、村内道路硬化、沿河道路硬化与生产生活码头、钓鱼场等基础设施建设，完善卫生室、农家便民店、计生服务室、农家书屋等服务设施，村民物质精神生活水平稳步提升。

党建引领乡村振兴“红富美”。新丰村全面推广“党建+”模式引领乡村振兴工作，将其作为农民增收和富民强村的重点工程来抓。新丰村分别与周边4个村、隆林县4个村建立联合党支部，以及与21个各级单位、部门的党组织结对共建党支部，共同健全党员管理、民主评议党员、党课教育等制度，做好党员教育、管理和培养等工作。通过党建引领乡村振兴，新丰村基层党组织活力得到稳步提升，村“两委”凝聚力不断增强，新丰村党支部还获得西林县委授予的2011—2012年度先进村级党组织、创先争优先进基层党组织等称号，为实现全村美好生活提供了坚强的组织保障。

始建于明朝弘治年间，以康乐庄民宅古迹建筑群遗址塑“形”，以地理标志产品仁东香蒜做“实”，以寒山诞文化铸“魂”，古村落在新时代焕发了新生机。

玉林市玉州区仁东镇

鹏垌村

鹏垌村位于玉林市西北部，距离玉林市中心约7公里。据村史记载，鹏垌村始建于明朝弘治年间，已有500多年历史。该村由5个自然村组成，分别为鹏垌（康乐庄）、垌心、马安山、石山塘、龙平庄，共有14个村民小组，现有居住人口4000多人。2018年12月被列入第五批中国传统村落名录，是全国乡村治理示范村，至今仍保留着不少传统村落遗址。近年来，鹏垌村深入开展党建引领促振兴，注重历史的厚重与发展的生机相结合，注重保护与开发良性互动的双赢，注重发挥本地人的主体作用，扎实推进乡村振兴工作。先后荣获玉林市绿色村屯、广西生态乡村、广西绿色村屯、自治区文明村镇、中国传统村落、全国乡村治理示范村等称号。

以夯实基层基础为关键，推动组织振兴。围绕星级农村基层党组织创建目标，深入开展政治引领、堡垒强基、头雁锻造、机制优化、基层保障等行动，充分发挥党员示范作用，切实推行党建覆盖产业链。努力推进党建带产业协会、党建带团建、党建带群众组织、党建促脱贫、党建促乡村振兴等建设模式，活动成效显著。开展网格化管理试点，以村组为单位，开展网格化建设，组建鹏垌村“组组通”微信工作群，组建公安、医疗、政府等各方面力量的志愿服务队，发挥了“党建+网格”的引领服务和助推作用，做到“干部沉下去，民意浮上来”，真正实现了民生服务“零距离”，村事务“小事不出组，大事不出村”的平安建设目标。

以建强“三农”队伍为支撑，推动人才振兴。一是广泛动员各方力量，开展乡村振兴志愿者活动、抓好农村基层党组织、人大代表、党代表等队伍建设，建设了鹏垌村人大代表履职联络站、党代表履职联络站等，增加农村代表献言献策的渠道，为做好农村工作和群众工作贡献力量，成为推动乡村振兴不断深入的骨干力量。二是加强农村劳动力技能培训，支持返乡农民工、高校毕业生、退役士兵等创办领办新型农业经营主体，打造了玉州区乡村振兴人才学院，在农业种植、养殖等领域培养更多的“土专家”“田秀才”，培养一大批懂农业、懂技术、善经营的高素质农民，打造一支技能出众、示范突出的“致富带头人”队伍。三是通过提升乡村风貌、完善公共服务和基础设施、组织文体活动、创建绿色宜居家园，吸引村民回乡生活、乡贤回乡治理、能人回乡创业和市民下乡休闲，吸引人由城市向农村回流，聚人气，促振兴。

以发展现代农业为基础，推动产业振兴。鹏垌村发挥地理标志产品和民俗文化遗产的叠加优势，以地理标志产品仁东香蒜和康乐庄古村落为双核引领，整村规划布局了现代农业、文化旅游、人居休闲三大产业板块，重点建设了香蒜现代农业综合示范区、康乐古庄、传统村落遗址文化公园，实现了农、文、旅产业融合的集聚发展。一是流转500多亩土地，统一规划，开展稻鱼共生种养、瓜果采摘、定制蔬菜种植、大棚蔬果育苗及现代农业技术教育等项目，开发特色休闲农业资源，建设成集文化、旅游、休闲于一体的“现代农业综合示范基地”。此外，发展规模化现代农业生产，促进现代特色农业提质升级，成为脱贫攻坚时期当地重要的扶贫产业基地之一。二是发挥村民合作社的优势和作用，流转耕地200亩，以“公司+合作社+农户”的模式，集中开发建立现代特色农业（香蒜和优质稻轮植）示范基地，增加村级集体经济收入。三是推进康乐古庄民宅项目建设工作，以保护古庄的真实性、完整性、延续性为目标，修缮恢复康乐庄的明清时期样子，推动历史古迹、旅游观光融合式发展，着力发展“文化+旅游”产业。

以涵养乡风文明为重点，推动文化振兴。以玉林市非物质文化遗产“寒山诞”为村庆节日，每年的欢庆活动内容丰富多彩，规模浩大，已成为本村特有的文化品牌。在村“两委”牵头下，村民自发组建了五支民间志愿服务队伍，打造集理论宣讲、文化服务、教育服务、科技与科普服务、汉文化推广服务等于一体的新时代文明实践站，农村公共文化建设有效提升。注重历史文化传承及古村落保护，村内现有明清时代古庄园的城墙、碉楼、门楼、护城河抵御工程设施，以及一批各个时代建筑风格的艺术古民居，两座保存较好的完整古道主要桥梁。

以改善农村环境为抓手，推动生态振兴。对村庄环境、卫生、绿化、给排水、排污和乡村道路等进行改造升级。房前屋后打造“微菜园”“微果园”“微景观”。推进康乐庄垃圾分类及餐厨垃圾资源化处理试点工作，发动村民积极参与，以实现垃圾减量化、资源化利用，建设生活污水处理站一座，生活污水纳入污水管网处理，养殖污染得到很好的治理，人居环境有所提升。积极开展乡村振兴创建活动，注重延续乡根乡愁，以“产业＋文化＋旅游＋人居”四位一体整体推进的方式，开展村庄的保护、利用和发展、治理，实现了为乡村“铸魂”和内涵式发展，同时筑牢了乡村治理的根基。当前，鹏垌村呈现出风貌整洁靓丽、乡风文明和谐、公共服务和基础设施健全完善、文体活动空前活跃、绿色宜居宜业理念深入人心的良好发展局面。

梧州市蒙山县新圩镇

坝头村

在这座流淌诗意的水韵小村里，千年古榕见证孝廉传承，一湾清渠浇灌瓜果飘香，农耕文化培育时代新风。

坝头村位于梧州市最北面，交通便利，生态优势突出，是一个山环水抱的小山村。占地约11.63平方公里，有12个村民小组，总人口约1823人。作为县级乡村振兴示范点，以绿荫党校、清风巷和阳光巷为平台，构建“一站两网”，倡引廉孝乡风，形成了以“廉治”为核心的乡村振兴坝头模式。先后获得广西绿色村屯、自治区“美丽广西”乡村建设示范村、全国乡村治理示范村等荣誉称号。

壮大果蔬产业，打造瓜果飘香“水果村”。坝头村以水果、蔬菜种植为主导产业。在该村党员和致富带头人的积极带动下，坝头村群众大力发展砂糖橘、苦瓜、莲藕等果蔬产业。积极培育兴农水果专业合作社、坝头蔬菜专业合作社、漓冷家庭农场等新型农业经营主体，带动100多户群众勤劳致富。全村种植水果3000多亩，年均创收2000多万元。种植特色蔬菜500多亩，“坝头苦瓜”“坝头莲藕”成为蒙山县农业产业的特色品牌，远销粤港澳地区。通过不断壮大果蔬产业，坝头村四处瓜果飘香，农民群众收入不断提升，基础设施、社会保障不断完善，成为远近闻名的小康村。

留住青山绿水，打造颜值爆表“网红村”。坝头村始终践行习近平总书记“留得住青山绿水，记得住乡愁”的乡村发展理念。在保护好10棵百年以上古榕（其中3棵千年古榕）的同时，家家户户在房前屋后种花植树，打造微菜园、微花园，共建生态宜居家园。坚持因地制宜，不搞大拆大建，保留并修复了一些结构稳固、外观漂亮的土坯房，充分利用好石头、竹子、泥砖、旧门板等原生态材料，既节省成本，又能传承乡村农耕文化韵味，留住了乡愁。以“廉孝”文化为核心，通过“三清三拆”和美化绿化，在千年古榕下开设“绿荫党校”，把村民日常生活的巷道改造提升为有颜值、有内涵的清风巷和阳光巷，将坝头村打造成“一座流淌诗意的水韵小村”。一到周末，坝头村游客涌动，爆表的颜值吸引了蒙山县及周边市县众多客人前来参观、游玩和采风。

弘扬廉孝文化，打造移风易俗“文明村”。把乡风文明建设作为“书记工程”来抓，坚持党风带民风，扎实推动乡村移风易俗，遏制不良风气，持续提升农民素质和乡村文明程度。通过向上争取、乡贤捐款、群众集资等多方筹集资金，打造好新时代文明实践大讲堂、村级公共服务中心、下坝戏台、坝头小学、河边篮球场等传统乡村文化阵地，丰富群众文化娱乐生活。同时，以清风巷、阳光巷沿线的房屋、围墙、空闲地为阵地，以廉孝文化为核心，打造了坝头语录、坝头农训、坝头村的幸福生活等一系列生动、形象的乡风文明景观。在群众身边开展“坝头村善行义举榜”“坝头村文明家庭榜”评选，弘扬好家风好家训，培育倡廉倡孝、务实肯干、勤劳致富的优秀乡风，为乡村振兴注入精神动力。

构建一站两网，打造清风正气“廉洁村”。坚持党建引领，实施村干、党员、组长、乡贤、能人五个“领头工程”，以村支书为领头雁，示范带动群众发展产业、引领乡风和治理乡村，共同参与和支持乡村振兴。试点打造绿荫廉洁工作站，创新构建村务监督“物廉网”和党员监督“互廉网”，将监督末梢延伸至“最后一公里”，全力打造“清廉坝头”党建品牌。通过“一站两网”，赋予村民更多话语权和监督权，村“两委”威信不断提升，村民参与乡村治理的积极性持续高涨，形成了以“廉治”为核心的乡村振兴坝头模式。

古荔园中寻佳果，九梅麓里好养生。她走出“低成本、全覆盖、可持续、相融合”的乡村风貌提升新路子，用山珍佳果引来游客，用特色泥巴房民宿留住人气。

钦州市浦北县北通镇清湖村委

九梅麓村

九梅麓村位于自治区四星级示范区“浦北佳荔园”西南侧，村屯面积1.2公顷，常住人口238人。近年来，该村发挥村民理事会的积极作用，坚持乡村治理与乡村风貌提升“同频共振”，助推乡村振兴战略落地生根、开花结果。不断强化村级党组织、壮大集体经济，探索出一条农村内生型乡村振兴发展路子。先后被评为自治区四星级乡村旅游区、浦北县乡村风貌提升三年行动第三批先进村屯。

抓党建强保障。基层治理是乡村振兴的基础，只有营造良好的乡村氛围，才能真正实现和谐振兴。通过选配素质高、能力强的村民担任村干部，并且积极推进村党支部建设，发挥支部的堡垒作用，难事冲在前抢着干，好事想着群众，始终以人民为中心，整个村的管理以民主为主，激发群众的积极性。自从成立了村党支部和村民理事会，该村逐步形成了“支部+群众自治”的治理模式，党支部和理事会为群众解决山林土地、宅基地、债务等矛盾纠纷100多件。

壮产业促发展。资源变资产，资金变股金，农民变股东。通过发展村级集体经济，村级组织有了比较稳定的收入，有效解决了村级组织“无钱办事”的难题，办事也更有底气和力量，支部更有凝聚力。同时通过发展壮大集体经济，无形之中吸引了一批成功人士回乡创业，培养了一批农村致富带头人，

为村级集体经济持续发展注入了新的活力。2019年，乘着国庆假期的东风，九梅麓特色泥巴房民宿正式营业。随后，荔枝采摘体验区、黑黄皮果种植示范园、红椎菌采摘体验区、集体厨房、垂钓中心、康养古荔园游乐中心等一系列村级集体经济配套设施相继落地，九梅麓村村级集体经济发展驶入了“快车道”。

夯根基循善治。在党建引领乡村发展治理的探索实践中，夯实治理根基，推动发展与治理深度融合。从“德治”入手，真正提升了村民的素质，改变了民风；从“法治”着力，打通法律服务群众的“最后一公里”，让法律在村民心中“生根发芽”；从“自治”落脚，打造共建共治共享的乡村治理新格局。在上述原则的指导下，全村累计评选“党员示范户”和“热心村民”20多户、“十星级文明家庭”30余户。同时，把“红白喜事反对铺张浪费，村民要倡导文明新风”等内容写进了村规民约。建立健全“一约四会”，形成“大事一起干，好坏大家判，事事有人管”的自治局面。

苍翠群山、清幽秀谷、千亩茶园错落有致，是她婀娜多姿的体态；侗族文化、农耕文化、茶文化交相辉映，是她生动有趣的灵魂。她楚楚动人的样子，超凡脱俗，生动诠释了人与自然的和谐发展。

柳州市三江侗族自治县八江镇

布央村

布央村是三江茶业的发源地，距县城20公里，海拔600～900米，常年云雾缭绕，备受雨水滋润，气候温和，有种植茶叶的绝佳环境。全村现有茶园3700余亩，素有“千亩茶园好风光，浓郁茶香飘四方”的美称。近年，该村以茶强村、以茶富民、以茶兴旅，着力写好茶文章，倾力打响茶旅融合“金名片”。先后获得全国“一村一品”示范村、全国巾帼农业示范基地、“美丽广西”乡村建设示范村屯、广西侗茶村、自治区卫生村等荣誉称号，2018年布央村仙人山被评为国家AAAA级景区。

变思维推动茶旅融合发展。布央村自然条件得天独厚，这里群山苍翠，郁郁葱葱，集俊、秀、幽、旷、野为一体。布央茶园依山势而成，阡陌纵横，线条流畅。田野形态原始，尽显生态自然之美。高山、茶园、田野等景观空间层次错落，相互搭配，形成层次丰富的视觉景观系统。茶园周边坐落着具有特色文化底蕴的千年高山侗族村寨，侗族文化、茶文化、农耕文化源远流长。布央村委充分发挥资源优势，积极探索农文旅相结合、一二三产业融合发展模式，通过实施国家产业兴镇、自治区特色农产品优势区创建、自治区现代特色农业（核心）示范区建设等项目，发展茶叶电商，推动茶叶、旅游、教育、文化、康养等一二三产业的深度融合。

建实体壮大茶旅产业。成立了布央古茶园旅游公司和布央村扶贫互助社，其中，布央村扶贫互助社成立于2010年3月，启动资金15万元，资产为村集体所有，互助社通过吸收社员入社费以及农户贷款，不断扶持茶产业发展壮大。2017年6月，村级公司与县文旅公司签订合作协议（县文旅公司占股82%，布央村古茶园公司占股18%），共投入1.2亿元打造集茶产业和旅游观光为一体的休闲景点。2018年，景点全年接待游客达12万人次，旅游社会总收入达2500多万元，成为新的支柱产业。全村群众按每户人口分配占有自然股，同时，群众还通过现金和土地两种方式入股，群众的茶叶基地统一由布央古茶园旅游公司管理，文旅公司通过推介和完善公共基础设施建设，不断强化布央仙人山茶场的影响力。公司逐渐发展壮大，拉动周边3个乡镇12个村1.3万人走上脱贫致富之路。

优设施打造乡村旅游品牌。布央村结合侗民族文化旅游开发，极力开发仙人山千亩茶园观光游、云雾山上观日出、千人采茶廊、自驾车露营、农家乐、百家宴等旅游项目，配套建设接待休闲山庄等设施，打造生态农业观光旅游示范村。加快美丽休闲乡村建设，传承农耕文明，展示民俗文化，保护传统民居，建设美丽田园，发展休闲农业，培育了消费新增长点，增强了经济发展新动能，实现产业兴旺、生态宜居、乡风文明、治理有效、生活富裕，为“美丽三江”乡村建设助力添彩。

春赏桃花夏采莲，秋有秋葵冬落樱，她是泊罗古国里富美双全的全国美丽宜居村庄。

贵港市港南区湛江镇

平江村

平江村位于贵港市港南区湛江镇东北面，324国道旁，黎湛铁路、湛沙路穿境而过。这里座座青砖黛瓦客家房屋错落有致，“春赏桃花夏采莲，秋有秋葵冬落樱”是这里最真实的写照。全村辖63个村民小组，人口7350多人，1个党总支部，下辖党支部5个，党员110名，耕地4200多亩，经济收入以农业种养、特色农业观光旅游业和劳务输出为主。平江村按照要求逐步扎实地开展“清洁乡村、生态乡村、宜居乡村、幸福乡村”系列活动，为乡村振兴打下坚实的基础。如今平江村面貌焕然一新：村庄整洁有序、房屋错落有致，基础设施日益完善，村民素质不断提高、收入逐年增长。曾获得全国美丽宜居示范村、全国生态文化村、全国乡村治理示范村、中国美丽休闲乡村、自治区级无邪教村、港南区脱贫攻坚先进集体等荣誉称号。

坚持党的领导，发挥党员模范作用。平江村党总支部发挥领头雁的作用，依靠广大党员密切联系群众，坚持“三会一课”和“党员统一活动日”活动，组织党员干部认真学习十九大精神和习近平总书记系列重要讲话精神，努力提高党员干部思想认识水平。在推动乡村振兴过程中，在“三清三拆”、风貌改造等工作上，党员充分发挥了先锋模范作用，大大提高了群众参与的积极性。

发展“一组两会”，推动村民自治。2014年以来，平江村建立了5个“一组两会”（即党小组＋户主会＋理事会）机构。按照“一组两会”的模式，大力推行党小组引领、户代会决议、理事会执行的工作机制和“注重引导、稳妥推进、确保实效”的工作原则，同时制定了本村的村规民约，努力实现生态乡村“自我管理、自我服务、自我监督”的长效管理目标。

坚持产业带动，助推经济发展。乡村要振兴，产业是基础。平江村充分发挥本地土壤富硒优势，大力发展富硒农业产业，全村累计种植富硒水稻3200亩，沃柑800亩，鹰嘴桃850亩，还有香水莲、马蹄等，形成了具有本地特色的农业产业。同时，平江村充分发挥

四季花田的辐射带动作用，助推平江村不断发展壮大乡村经济、全面打赢脱贫攻坚战。一是通过吸收贫困户家中的劳动力到园区工作，增加贫困户工资收入，实现贫困户如期脱贫。二是将特色农产品种养技术辐射到蒙村、福兴、同安等其他村屯，将村级集体经济发展扶持资金合股种植香水莲，通过特色种植增加农业收入。三是建设光伏发电扶贫示范点，带动27户贫困户如期脱贫。四是创建党员创业孵化园，以“将经济能人发展成党员，将党员培育成致富带头人”的思路，采取“公司（合作社、基地）+党员创业示范户+贫困户”的模式，培育返乡党员群众创业示范户，结对帮扶周边4个村共30户贫困户如期脱贫致富，达到“扶持一个带动一批，孵化一个辐射一群，带富一个脱贫一批”效果，实现互促共赢带动效应。

遵循法治理念，乡村安定有序。平江村注重建立和完善“一村一法律顾问”制度，创建由镇司法所所长、村法律顾问、人民调解员、驻村镇干部、村“两委”成员、村民代表组成的法律服务微信群，定期在微信群里开展法治宣传，认真解答村民法律咨询，增强基层群众的法律意识、维权意识。同时将村农家书屋与法治书屋有机融合，设立法制宣传栏、法治文化墙等平台，大力宣传法律文化，逐步形成具有特色的农村法治文化，让农民切实体会到普法宣传效果。在开展扫黑除恶专项斗争工作中，做到村党员干部《扫黑除恶应知应会》人手一册，村“两委”干部组织晨读、集中学习培训并进行测试；通过短信平台向群众发送法律宣传信息，让法治深入人心。注重有计划地选择农民切实需要的法律信息，开展普法互动活动，实现了农民从被动接受向主动关注的转变。

践行核心价值观，形成道德新风尚。平江村坚持“加强学习保质量，提高认识增成效”的工作思路，利用板报、横幅等将社会主义核心价值观主题教育实践活动内容进行广泛宣传，认真组织党员、村民学习《公民道德基本规范》《社会主义核心价值体系学习读本》和《建设社会主义核心价值体系实施纲要》，深入开展“讲文明树新风”“结对帮扶”等一系列创建活动，深入开展窗口部门和服务行业“为民服务”活动，引导村委会为群众提供“优质、规范、高效、便捷”的服务，为村文化道德建设实现跨越发展提供动力和保证。结合创建五星文明村，积极建设文体活动场所、组织开展各类文体活动，树立新农村新风尚。开展道德教育，发挥党员干部的表率作用，有效遏制封建迷信、聚众赌博以及铺张浪费等陈规陋习。联合公安部门严厉打击虚假诈骗行为，净化社会风气，弘扬民族精神，让群众自觉遵守道德规范。

赤西村

乡村建设提颜值，农旅融合兴产业，文化挖掘树新风。她在深耕“人、规、地、产、城”中，铸就了乡村振兴“形、实、魂”。

赤西村位于南北二级公路北海—合浦中段，地处北海市海城区与银海区、合浦县交汇处，距离市区10余公里。赤西村以建设“北海乡村振兴示范村”为契机，围绕“人、规、地、产、城”五要素，发挥区位优势，聚焦基础提升、资源盘活、产业升级，大胆探索、先行先试，着力打造城市后花园，实现了乡村风貌全面提升，乡村文旅田园综合体建设如火如荼，探索出了一条乡村振兴新路子。先后获评自治区级生态示范村、北海市“九有”建设示范点、海城区乡风文明示范点等，先进做法和经验多次得到人民网、学习强国平台、广西日报等中央及自治区级主流媒体广泛宣传报道。

聚焦产业发展，全面打赢脱贫攻坚战。一是引进海城区赤西村食用菌种植及加工产业扶贫项目，一期投入260万元新建食用菌种植基地约12亩，通过用工及“公司+合作社+贫困户”模式与贫困户建立稳定的利益联结机制，为贫困户提供可观的就业岗位，帮助贫困户实现如期脱贫。同时，一期基地已吸收了赤西村惠农种植农民专业合作社（社员包括赤西村全部贫困户）和周边村屯贫困户入

股资金476500元，每年稳定分红43720元，赤西村村集体收入年均增加6.5万元以上。二是指导农户使用先进种养技术、选用优良品种，推广“花糯玉米”“紫淮山”“海鲜红薯”等特色产品种植，以产业补贴的方式鼓励贫困户因地制宜发展大棚蔬菜种植，实现农业增效、农民增收。推动龙头企业与脱贫群众利益紧密联结，推行“村党支部＋合作社＋基地＋贫困户”的产业发展模式，以“贫困户入股、企业经营、利益共享”的方式，引导贫困户加入龙头企业或合作社，提升贫困户科技种植能力，降低种植风险。三是依托赤西村地处市区与合浦交界及两个工业园区周边的地理优势，积极筹措村级集体经济扶持发展资金200万元，改扩建新赤西村农贸市场，解决就业约100人，村集体收入年增加8.8万元。引进电商平台，构建“党建＋电商＋合作社＋农户”发展模式，实施集线上和线下农业特色产品销售、展示为一体的“赤西村电商运营中心”项目，实现村集体年收入增加2万多元。

推进基础设施建设，全面提升村容村貌。一是大力开展基础设施建设。赤西村加大力度建设了赤西人饮工程、赤西大门、赤西税务花园和廉政花园等项目。整合各类扶持资金1500多万元，加大基础设施建设力度，推动村庄道路和产业配套设施升级改造。二是加强村容村貌环境整治。扎实开展“三清三拆”，大力推进污水治理、改厨改厕、治危拆违等工作。村“两委”干部、村民小组长、村党员和村民代表充分发挥党员先锋作用、干部带头作用，村民小组长和党员签订了自行先清先拆承诺书，发动村民组建赤西村劳务队等共同开展工作。仅2019年一年就发动群众主动投工投劳20000多人次，折合资金80多万元，完成清理村庄垃圾2000多处，清理乱堆乱放杂物600多处，清除池塘50多亩、沟渠4000多米，拆除闲置危旧房、废弃猪舍茅房、残垣断壁等废弃建筑100处，整理平整50多亩土地用于增减挂项目。通过环境整治工程，赤西村在房前屋后建起了一处处微田园、微菜园和微果园，种植了一批黄花风铃木，建设了小景观，铺设了花砖等，还争取艺术院校师生的支持，打造赤西创意彩绘，对村主干道沿路墙体进行以“农耕文化”“知青文化”“乡贤文化”“家风家训”等为主题的创意彩绘，使原本简陋的泥砖墙变身色彩绚丽、形象生动、形式新颖的彩绘墙。利用农耕时节，连续举办了两届油菜花旅游文化节。同时，在全市率先启动了垃圾分类试点工作，制定《赤西村村庄垃圾分类工作方案》，推进垃圾分类投放、收集、清运与处理，打造农村垃圾分类示范村。制定和完善《赤西村环境卫生公约》《赤西村卫生巡查制度》等卫生管理制度，加强村庄保洁质量的量化考核。与全村16岁以上村民签署《环境卫生公约》，引导村民落实“门前三包”责任。

引进社会资本盘活乡村资源，大力发展乡村旅游。根据赤西村传统村落实际情况并结合发展乡村旅游的要求，多次征求党员代表、村民代表的意见，尊重村情民意，制定了《赤西村村庄建设规划》。引入社会资本，谋划打造赤西田园综合体，包括“田园风光园”“农耕文化体验园”“现代农业产业园”和“民俗村落”四个部分。为更好节约成本投入，赤西村充分利用现有闲置民宅、农业生产配套用房、村委旧办公用房等，分别修缮成农事旧物展览馆、农家食堂和休闲生态农耕康养中心，进一步完善了乡村旅游、健康养生、学生课外体验基地等旅游基础设施，并节约建设资金超过200万元。同时，筹资建设赤西村农家乐，配有餐饮、娱乐、休闲、停车场四大功能。建设赤西农业公园、烧烤场、农事旧物展览馆、乡村农家食堂和观光池塘等。自2018年起，通过流转350亩土地，错时利用农耕时节，举办油菜花旅游文化节，每年花期游客量均超过10万人次，村民通过销售农副产品、收取停车费等方式，直接经济收入增加50万元以上。积极培育周末亲子游精品路线，采取“合作社＋平台公司＋企业＋农户”模式打造赤西“农耕学堂”，设置木棚教室、木廊道、温室大棚、工具间、水井、厕所等基础设施，同步完成周边观赏性荷花田、马蹄田、空心菜田等配套农田建设，设置插秧实践、蔬菜采摘、摸鱼比赛、产业基地学习等实践课程，可同时容纳约100人参加农耕实践。

制定村规民约，弘扬文明乡风。健全“一约四会”机制，扎实推进移风易俗。制定村规民约，成立了红白理事会、道德评议会、禁毒禁赌会、村民议事会，在村口设立赤西精神文明建设宣传栏，厉行节约、反对浪费在村里蔚然成风。为村民定制各家专属的家训牌，营造家庭和睦、邻里友好的浓厚氛围。

她是广西葡萄第一村，保参天古木绘旖旎田园风光，引千年灵渠润葡萄果香，传百年祖训树文明新风。

桂林市兴安县溶江镇

莲塘村

莲塘村位于溶江镇北部，距兴安县城23公里，全村有82户388人，党员27人。这里交通极为便利，沪昆高速匝道出口段设置在该村村口，322国道紧邻村舍；这里山清水秀，自然田园风光旖旎，悠悠灵渠绕村缓缓流过；这里土壤肥沃，气候湿润适宜葡萄种植，是改革开放后享誉华南地区数十载的葡萄生产种植基地，是自治区五星级现代特色农业（核心）示范区——兴安县灵渠葡萄产业示范区的核心，也是兴安县灵渠秦风田园综合体中心点，素有“广西葡萄第一村”的称号。近年来，该村通过大力发展葡萄种植产业已成为全县首富村，并进入广西农民人均收入最高村屯之列，是全区生态村和模范自治村。

因地制宜，发展产业，莲塘村优质葡萄种植业响亮广西区内外。莲塘村有着得天独厚的自然地理优势，土地肥沃湿润，适宜葡萄种植，依靠便利的交通，莲塘村早在十几年前便畅通了葡萄销往广东的销售渠道，村民种植葡萄的积极性高昂。近年来，县委、县政府更是高度重视莲塘村葡萄产业的发展，先后联系增派了大批次的农技专家赴该村指导葡萄种植，开发新品种，改良旧品种，集成推广标准化、绿色无公害、一年两熟栽培、促成栽培、错峰栽培等先进技术，对莲塘村的葡萄产业发展起到了积极的助推作用。同时，莲塘村以合作社为主体的经营组织，集种植、销售和技术服务于一体，带动了全村葡萄产业的增产增收，保障了该村葡萄种植呈现出一派欣欣向荣、蓬勃发展的喜人局面。当前，莲塘村的巨峰葡萄品牌产品已走出国门，高档阳光玫瑰葡萄已走入高生活标准的城市家庭，延长挂果期的葡萄产品实现错峰上市而增加销售收入，“葡萄文化节”的举办更是扩大了莲塘葡萄在全国的影响力。莲塘村葡萄产量、质量、规模享誉区内外，赢得整个华南地区的普遍好评，村庄也赢得了“广西葡萄第一村”称号，一时客商云集，实现了农业与旅游、生态、文化的融合发展。

爱护环境，保护自然，莲塘村创设优美生态环境成绩斐然。富裕了的莲塘村人更热爱自己赖以生存的热土，对本村环境保护和环境治理倾注了极大热情。数十棵苍天古木是该村的骄傲，村民群众以村整体规划建设大局为重，自行调和化解宅基地兑置可能出现的纠纷。自发筹资十多万元建起文化广场，在村中翠绿的竹林建起了竹林公园。400多亩的葡萄生态种植园严格控制农药喷洒使用量，有效确保村周边的田园避免农业面源污染；村民自发清理净化村旁缓缓流过的千年灵渠，共同依约出资聘请保洁公司对村内垃圾及时转运处理，实现了村内垃圾“日产日清”。通过土地增减挂项目的实施，拆除了村内全部的废弃老屋和旧舍茅栏，取而代之的是绿地、微型花园和整洁通畅的村道。在有关部门的支持下自发筹资数万元完善了村内全部清洁饮水和排污设施。通过扎实的环境综合整治工作，全村村屋住宅大都掩映在绿影丛中，走进该村有如进

入花园村庄。该村也正是因生态宜人，于2016年被评为全区“生态村”。

群策群力，共济发展，莲塘村开辟了一片农村富美生活新天地。发展起来的莲塘村，更加注重提高生活富美水平，在这方面更是有着自己的理解和追求。通过发展产业，莲塘村民的富裕程度已位于全区农村最前列，全村人均年可支配收入近3万元，户均存款丰盈。同时，他们在“居住、出行、教育、健康、娱乐、睦邻”等六方面进行了努力探索并取得显著成果。莲塘村通过村民理事会的组织协调，整体规划了全村住房、道路用地。确保各家建房时互留通道，错落有致，因地施建，进退适度，家家户户都建起了厨卫洗浴设施一应俱全的二至三层的小楼房，各家庭院都建有宜人的小花园，80%以上的家庭都购置了小汽车。安居乐业后的莲塘村民有了更长远的发展眼光，致富能人带头捐助设置专门的教育基金，鼓励大、中、小学生勤奋上进，努力实现自己的理想。在村内建设卫生室，定期为老人们提供保健等服务，感冒等小病基本不用出村。建设金融服务部和公共服务中心，4G网络信息服务实现了整村全网覆盖，方便了人们及时掌握各类有效信息，科学引导农事生产和产品销售。农暇时偶尔的邻里间小聚餐增进了邻里关系，其乐融融的农家情景无不彰显出该村村民生活的富美祥和。

传承祖训，开创新风，莲塘村乡风文明建设勇跃新的台阶。“立族法、禁健讼、谨丧葬、戒骄奢、绝赌博、恶淫酗、远邪求、正嫁娶”是莲塘村建村五百多年的族戒。莲塘村人一直以来家家户户传承祖训，严守族戒，村民睦邻友爱，相敬若亲。近年来更是大力弘扬社会主义核心价值观，移风易俗，树立了和风惠畅的文明新风。村内先后自主成立文艺宣传表演队和业余篮球队，建设文艺读书室、休闲娱乐室和文化广场，农闲时节或喜庆节日大家或自娱排演，或邀约邻村进行健康的球类赛事，极大丰富了农村文化生活并有效地占领农村正能量文化阵地。红白喜事理事会专人专门负责村内喜事操办，热闹喜庆而不铺张，彻底摒弃了一些陈规陋习，树起一股清新的婚丧大事新办的良好风尚。

党员带头，乡贤引领，莲塘村人文治理构建了坚实有力的组织机构。该村388人中有27名党员，突出党员先锋模范作用，发动村屯模范有德乡贤，积极参与本村人文治理，不断完善巩固全体村民表决通过的村规民约。先后成立道德评议会、村民议事会、红白喜事理事会、禁毒禁赌协会等多个理事机构，这些组织机构的成员均是本村公道正派、勤劳守信肯担当的人员，其本人热心公益事业，村民群众对其信服。莲塘村强有力的组织机构的建立，有效地确保了一方土地的安宁和谐，是近十年来兴安唯一的“无诉讼村”。该村坚决有效地贯彻落实党和政府一系列方针政策，被自治区评选为“广西村民自治区模范村”。

洼地梯田，稻海花香，“一村一品”绽放美丽芳华。千年土司，农耕文化，文明新风吹起浓浓乡愁。

巴平村

巴平村因国家地理标志产品——“南丹巴平米”而闻名，是“南丹巴平米”的主产区，素有“南丹粮仓”之称。巴平村地处南丹县西北部35公里，210国道和兰海高速公路纵贯全村。全村总面积16.7平方公里，共有28个村民小组、12个自然屯。巴平村民风醇厚，村庄美丽精致，田园风光大气磅礴，休闲农业与乡村旅游方兴未艾，社会和谐和美。巴平村以幸福乡村建设为载体，以产业发展、文明村建设、乡村治理、人居环境整治为重点，依靠群众，积极推进乡村振兴战略实施，乡村社会文明程度不断提升，群众生产生活环境越来越好，人民生活越来越富裕。先后获得国际生态环境和谐美村、全国尊老爱幼模范村、全国文明村、全国休闲农业与乡村旅游示范点、全国乡村治理示范村、中国美丽休闲乡村、自治区级文明村、广西农业生态旅游村等荣誉称号。

以产业兴旺为重点，促进巴平农业发展。借助巴平洼地梯田独特的气候条件和良好的资源环境，融合千年土司农耕文化，巧做农业文章，大力发展生态巴平特米、烟叶、红心猕猴桃等特色水果、休闲农业与乡村旅游等优势产业。一是引导群众成立巴平特米协会、巴平山水特米合作社等农民合作经济组织（协会），并积极创建以生态巴平米为主导产业的现代特色农业示范区。经过一系列努力，示范区被认定为自治区三星级示范区，巴平村获得全国“一村一品”示范村镇认定，巴平米种植系统、巴平稻作梯田系统入选全国农业文化遗产。二是以实施“美丽广西·清洁乡村”活动为契机，依托独特的巴平梯田风光，大力发展休闲农业与乡村旅游产业，结合下街屯新农村建设成效，大力发展花卉种植，并且每年在巴平村巴平米种植基地制作大型彩色稻田画，描绘醉美田园风光，走农旅融合发展道路，推动乡村农家乐壮大发展，拓宽农民增收渠道，促进农民增收和全村的经济发展，年休闲旅游收入达500多万元，农民人均增收3000多元。巴平村辖区内的绿稻花海休闲农业核心示范区和南国之丹花卉产业核心示范区获得自治区三星级现代特色农业示范区认定。

注重生态宜居，建设美丽巴平。以完善基础设施建设为突破口，全力抓好各项基础设施建设，先后筹集资金1580多万元，完成全村主干道和屯内的道路硬化，建成山顶观景平台2个、休闲凉亭7座、文化广场2个、篮球场3座、文化室4个、风雨桥3座、旅游厕所5个、停车场4个，新建无害化卫生厕所210多户。开展土地整治河道治理1200米，完成者来、上街、拉勇屯等3100米的田间道路硬化，新建休闲花卉示范基地观景步道1200米，新建汽车露营地土地平整4000平方米，完成红岩至巴平下街旅游道路2000米的路基开挖。增设了儿童游乐场所、网红桥、网红打卡点等游乐设施，全村的交通和居住环境及旅游基础设施进一步改善。

以文明创建为载体，塑造巴平新风貌。巴平村民风淳朴，村民有较好的文化基础。巴平村群众自发组织成立了业余文艺队，在芒场镇境内，以及贵州独山、荔波等地每年演出20多场次，收到了良好的社会效果，并获得自治区“优秀农村文艺队”称号。成立的巴平老年人协会积极开展文明新风进万家活动，担起文明共建责任，把评选“好公婆”“好媳妇”“好团员”“好少年”活动和开展“美德进农家”“三户一村”评比活动纳入村建村管，用典型带动和影响广大群众。积极开展“新时代讲习所”创建工作，每年组织邀请县委党校专家讲党课2次。

以治理有效为依托，建立巴平新机制。巴平村建立健全调解委员会、治安委员会、关心下一代工作委员会、清洁乡村理事会等制度，构建村规民约和红白理事会、道德评议会、村民议事会和禁毒禁赌会等“一约四会”村屯治理新机制，充分发挥“一约四会”的组织带头作用，有效遏制农村红白喜事大操大办、奢侈浪费、盲目攀比的奢靡之风，减轻群众负担，打击非法宗教迷信、“黄、赌、毒”等影响社会稳定的违法行为，积极培育良好的民风家风乡风，在农村经济发展、村庄整治、计划生育、移风易俗、星级文明户评选和道德文化墙建设等乡风文明建设中取得一定成效。完善村民自治和民主管理，自实施乡村振兴战略以来，村屯的产业发展规划、村级集体经济发展、项目设计、资金安排、平安创建等工作，都以群众为主体，尊重群众的意愿，充分调动了群众的积极性。群众不仅积极投工投劳，在进行公益项目建设时涉及个人土地的，群众都无偿把土地让给集体，极大地推动了乡村振兴战略实施。

以生活富裕为根本，做好民生保障工作。巴平村依托自然资源优势，选定生态巴平米、休闲农业与乡村旅游为巴平村集体经济发展的重点产业，并在村委的组织协调下，组建了“巴平下街山水特米专业合作社”，专门负责村级集体经济的资产收益分配管理。全村有60户94名村民入股成为社员，并通过开展土地流转参与经营主体发展获取土地租金收益，农户则是通过参与务工获得劳务报酬。2018年以来，村级合作社通过从事粮食、蔬果、花卉等生态特色农业开发，年接待游客达6万多人次，创效益500多万元，合作社收益150多万元，按3%提取村集体公益金达5.5万元。此外，积极开展农村产权制度改革，利用集体土地，通过土地流转的方式与入驻经营主体合作，组织村委班子及骨干农户与经营主体共同开展油菜花节、

乡村美食节、农民丰收节等各类节庆活动，协助开展巴平米种植销售及订单生产等工作获取利润提成，作为村级集体经济的补充。

巴平村继续贯彻落实中央和自治区深化农村改革、加快推进农业现代化的重大决策和部署，以科学发展观为指导，坚持“政府引导、政策支持、市场运作、多元投入、特色兴园”的发展思路，采取“政策集成、项目集成、技术集成、科技集成”的方式，实行种养大户扩大规模建园、龙头企业联结基地建园、招商引资引企建园、科研机构产学研对接建园、政策扶持项目建园等多种建设模式，打造布局区域化、生产标准化、经营产业化、销售品牌化、运作市场化的巴平村现代特色农业示范区，把示范区的建设与旅游开发、扶贫开发及美丽乡村建设等有机结合，走出了一条生态建设与产业发展互动的道路，推动农业增产、农民增收。

从“三位一体”生态产业，到“五位一体”产业融合，在育产业、建新村、搞旅游中，描绘“柿”情画意红火生活。她是中国十大魅力乡村，中国村庄名片之一。

桂林市恭城瑶族自治县莲花镇

红岩村

红岩村位于恭城瑶族自治县南面，距桂林市108公里，离县城14公里，距莲花镇1.2公里，交通和通信十分便利。全村共118户422人，自然环境优美，莲花河流经该村，河畔翠竹林立、绿柳成荫，河水清澈缓流，是泛舟休闲之佳处。房前屋后都是茂盛的果木，村后是熔岩地貌的马头山，山清水秀、景色宜人。村前是恭城最大的无公害水果生产基地——莲花镇莲塘岭无公害月柿标准化栽培示范基地，村内至今还有较多的百年古柿树及一些古建筑、拴马石、牌匾等古遗迹，文化底蕴丰厚。先后荣获全国农业旅游示范点、全国文明村、中国十大魅力乡村、中国少数民族特色村寨、中国村庄名片等多个荣誉称号。

红岩村围绕乡村振兴“二十字方针”，结合实际，全面开展了以“三特”（即特色民居改造、特色产业培育、特色文化传承）为主要内容的少数民族特色村寨保护与发展的试点工作，通过制定规划、壮大产业支撑、打造美丽乡村、营造文明乡风、开启乡村旅游富民路、抓牢基层党建、完善基础建设等不断加强红岩村美丽乡村建设。从2003年10月至2020年，已接待中外游客400多万人次，成为开展乡村旅游致富的典范。

抓好产业发展，建设富裕生态家园。20世纪90年代初期，村民通过政府引导，转变传统观念，因地制宜规模种植月柿5000多亩，在全县率先推行月柿标准化种植，并开发出脆柿、柿饼等系列产品增收致富。2003年，通过月柿富裕起来的村民高起点规划，按“五改十化”（改水、改路、改房、改厨、改厕，交通便利化、村屯绿化美化、户间道路硬化、住宅舒适化、厨房标准化、厕所卫生化、饮用水无害化、生活用能沼气化、养殖良种化、种植高效化）的标准兴建新村。截至2020年，已建成独具特色的花园式小别墅85栋，并在其中配套客房300多间，开办农家乐餐馆50多家，乡村旅游产业发展如火如荼。

抓好环境治理，打造美丽乡村。践行“绿水青山就是金山银山”的发展理念，大力改变村容村貌。一是加大对村庄环境的整治力度，拆除了“三废”（废圈舍、废厕所、废墙墟），全面整治公路沿线乱搭乱建，添置了垃圾桶50余个，聘请保洁员专门负责清理主要通村通组公路及公共区域垃圾，人居环境得到明显改善。二是充分调动农民群众的积极性和主动性，充分发挥农民群众作为农村环境综合整治主体的作用，充分利用宣传栏、广播、网络等媒体手段开展多层次、多形式的宣传引导，扩大“以奖促治”政策影响面。

抓好活动载体，建设乡风文明。经济的发展不仅改善了村民的生活水平，也使红岩村民的综合素质上了一个大台阶，思想观念大为转变。随着少数民族特色村寨保护与发展工作的推进，相对封闭的少数民族村寨走向开放，村民的思想观念发生了质的飞跃，推动红岩村由单打独斗发展向组织化、团队化发展转变，增强发展实力。红岩村组建村级优秀传统文化联合会，充分发挥优秀传统文化带头人和乡贤作用，定期组织村民开展优秀传统文化传习活动，接受优秀传统文化教育，推动社会主义核心价值观落地生根，深入开展“十星级文明户”“文明家庭”等系列评选活动。组建村级文艺队，利用中秋节、重阳节、春节等节日举办游园活动、村级篮球赛、广场舞比赛以及老年棋牌比赛等群众性文体活动，丰富群众精神文化生活，维护村内稳定和谐。同时组织村民讨论修订村规民约，建立健全村民议事会、红白理事会、道德评议会、禁赌禁毒会等村民自治组织，规范村民红白喜事办理，引导群众树立“喜事简办、厚养薄葬、勤俭节约、文明理事”的文明新风。

彰显特色，开启乡村旅游富民路。随着知名度的提高，红岩村因势利导发展乡村旅游产业，建设示范农家乐和民宿，村民通过市场运作，成立红岩旅游开发有限公司，加强旅游接待和经营培训，完善市场开发与管理体系，提升旅游服务质量。依托生态新村和月柿产业，充分发挥“品瑶乡月柿、赏柿园风光、喝恭城油茶、住生态家园”特色优势，强化宣传，连续举办十六届月柿节，以节为媒打响乡村旅游品牌。吃农家饭、游田园景、品民族情的“农家乐”生态休闲游模式正在红岩村悄然形成，推动红岩村产业结构明显

升级，农民收入大幅提高。自2003年首届月柿节以来，红岩村共接待游客400多万人次，村民人均年收入均已超过2.5万元。由于经济效益突出，不仅服务质量得到保证，也有力地促进了村民旅游经济意识的增强，助推了腊肉、土鸡、土鸡蛋等土特产品的开发发展。此外，村民还自发组织了红岩文艺队，增强了红岩村作为旅游区的休闲娱乐功能。

抓好基层党建，配强村组队伍。选拔责任心强，有担当的党员担任红岩村农家乐旅游协会党支部书记，党支部建在产业链上的战斗堡垒作用得到充分发挥，各项工作做得有声有色，群众高度认可。同时，村民自发成立红岩村旅游管理委员会，把新村建设中起带头作用的村民选入管委会，配合村党支部和村民委员会的工作。

抓好基础建设，提升旅游内涵。红岩村通过项目整合，投资1000余万元完成景区旅游路网、供水设施、骑行步道等建设，投资500余万元完成游客接待中心、景区护栏、月柿博览园等配套设施建设，投资300万元完成月柿博物馆建设，整合特色小镇建设资金830万元，修建旅游公厕、生态停车场等旅游基础服务设施。红岩景区的面貌得到了极大的改观。

传承开发，提升本土文化魅力。红岩老村现存一百至二百年左右的古建筑10座，独立老房子60座，还有拴马石、牌匾等古遗迹，以及较多上百年的老柿树。村民通过集体协商，决定秉承“不忘起始、留住乡愁”的理念，对老村进行整体规划和保护开发。以展现本土文化为本，对老村改造以“修旧如旧”为原则，尽可能保留村域内山水格局和街巷肌理基本形态及建筑结构、平面布局，以此传承本土文化，丰富旅游内涵，拓宽旅游发展空间。

河池市巴马瑶族自治县甲篆乡

坡纳屯

她是盘阳河畔，闻名世界的长寿之乡。创建的支部引领、协会协调、企业经营、群众参与的“坡纳模式”，辐射带动全县28个村屯发展休闲农业与乡村旅游业走上小康路，成为脱贫攻坚、乡村振兴的引领者。

坡纳屯位于“世界长寿之乡”巴马瑶族自治县甲篆镇百马村，巴凤二级公路旁，距县城14公里，是前往百鸟岩、百魔洞、长寿宫、凤山三门海等远近闻名景点的必经之路，美丽的盘阳河自西向东环村而过，风景秀丽。多年来，坡纳屯在党支部的引领下，凭借得天独厚的地理区位优势，成功打造出河池市康养旅游品牌——“坡纳度假村”。先后荣获广西休闲农业十佳名村、广西新农村示范建设“十佳标兵村屯”、中国特色村、河池市旅游开发扶贫示范村（屯）、河池市首届“最美乡村”、广西农业旅游示范点、广西绿色村屯、广西五星级乡村旅游景区等荣誉称号。

党群带动建新村，产业发展有门路。一是在摸索中发展康养旅游产业。坡纳屯在最初的倒旧房建新村发展乡村旅游中，面临无序经营、恶性竞争、业态单一等发展困境。为解决面临的困境，坡纳屯2010年成立农家旅馆协会党支部，通过流转

土地、盘活村级资产等引入企业统一经营农家旅馆、乡村旅游，吸引大批“候鸟人”与游客；到2015年，坡纳屯党支部改革完善村民理事会制度，采取“四联动”（支部引领、协会协调、企业带动、群众参与）的管理模式和“四统一”（统一规划、统一管理、统一经营、统一分配）的经营模式，带领全屯群众大力发展乡村生态休闲观光养生度假旅游。截至2020年6月，坡纳屯共有农家旅馆62家，床位998个，月接待游客2500人次以上，仅农家旅馆一项，每年可为群众户均增收10万元以上；坡纳屯创建的党建促旅游脱贫的“坡纳模式”，辐射带动全县28个村屯发展休闲农业与乡村旅游业，得到文化和旅游部的肯定。二是建设产业基地，多渠道发展，打造农业休闲旅游和康养产业。农户将土地统一流转给巴马华昱集团，打造现代有机农业科技示范园地——百草园，升级旅游品牌，招引游客。另外，农户将有机农业产品和长寿食品进行包装，通过微信、快手、抖音等网络平台，以“互联网+”、电商等方式将寿乡特色产品销往全国各地，宣传寿乡旅游文化，传递寿乡正能量。同时，坡纳屯结合巴马康养旅游文化，在村屯内经营泡脚、针灸、拔罐、中草药等行业，进一步满足中老年游客健康需求。现如今，坡纳屯已成为展示巴马长寿养生文化和发展有机农业的主要基地。

“候鸟人”与村民和谐共处，共建文明乡风。近年来，坡纳屯始终坚持以习近平新时代中国特色社会主义思想为指导，以实施乡村振兴战略为契机，开展民族大团结、乡风大文明活动。一是培养村民文艺骨干，组建村民文化队伍。二是利用传统节日在全村开展丰富多彩的文体活动，塑造积极向上的乡情民风。春节系列文体活动、“三月三”五彩文化节、端午节山歌会、九九重阳敬老孝老活动、中秋文艺晚会、元旦文艺汇演等文化体育活动持续开展，“候鸟人”常住坡纳与村民同摆长桌宴、共度佳节，民风朴实、邻里团结、文化活动丰富多彩的文明乡风显现出来。

生态宜居环境美，美丽家园气象新。坡纳屯坐落于美丽的盘阳河畔，前望群山后靠丘陵，美丽的盘阳河从中间蜿蜒流过，河畔千亩良田鱼米香，宛如一幅秀丽宜人的山水画卷。为进一步保护盘阳河生态景观，以及农民群众的美丽家园，坡纳屯在上级党委政府的指导下着力开展美丽乡村、环境保护工作，打造了生态宜居的旅居环境和康养胜地。一是建章立制，切实保护盘阳河流域生态环境。推行自治区2015年人大常委会通过的《盘阳河保护条例》，实行“两代表一委员”监督机制，并结合河长制，每周巡河2至3次，针对电鱼、炸鱼、毒鱼以及污水乱排放、垃圾乱丢弃、河边乱搭乱建等破坏盘阳河生态的行为进行监督、禁止。二是成立“候鸟人”志愿者服务队，每月开展义务环保日活动，配合村屯保洁员队伍开展清洁乡村活动，每季度开展红黑榜通报，提高当地群众和游客的共同环保意识，呵护坡纳屯良好的休闲环境。

建设“五位一体”信用体系示范点，引导形成淳朴村风民风。一是入户开展“党建+住户调查”微课堂活动，以住户调查工作为切入点，在基层一线开展“寿乡党旗红·调查数据真”党建促统计活动，积极推行党员调查员及党员辅助调查员在下点访户期间佩戴党员徽章、在工作中自觉接受群众监督，推动党员履职尽责。二是在打造坡纳屯抓党建引领统计工作促

经济社会发展示范点工作中，将自治县党委“五位一体”信用体系建设植入创建内容，积极探索统计工作促社会治理工作，以统计工作为抓手，正向引导诚信、和善、求真务实的村风民风。样本调查党员示范户韦克户经营农家旅馆及特产零售店，通过规范记账，定期开展数据分析，及时调整经营方向，依靠勤劳诚信规范经营，用几年的时间成为坡纳屯内发家致富的典型。坡纳屯群众遵纪守法、尊老爱幼、务实诚信、善待他人、邻里和睦，成为远近闻名的文明村屯，是全镇乃至全县的农村社会治理示范村屯新样板。

南宁市隆安县那桐镇

定江村

村企联姻富产业，农旅融合新路子。以企业为带动，以香蕉、火龙果产业为依托，在“富口袋”的同时，村企联建推动文明乡风落地生根，打造了一个综合性、示范性、辐射带动作用强的壮族特色旅游休闲宜居乡村。

定江村位于国道324线南百二级公路旁，下辖6个自然屯，22个村民小组，共565户，2468人。近年来，定江村以企业为带动，以香蕉、火龙果产业为依托，实行“村企联姻”，走出了“农旅深度融合”的路子，以百种香蕉展示园、自行车骑游万亩蕉园、四季果园、农家乐等项目建设带动乡村旅游产业发展，增加农民收入，让当地群众实现了多渠道致富，打造了一个宜居宜业宜游的现代化美丽文明示范村。先后荣获中国特色村、全国“一村一品”示范村、全国文明村、中国少数民族特色村寨、全国乡村治理示范村等荣誉称号。

创新发展，以点带面“做”起来。多年来，定江村党员干部上下一心、整合资源、积极探索农村土地流转的有效方式，创新开展“土地流转促增收，村企联姻获共赢”的农村土地流转探索模式，以村企联建为抓手，以服务土地流转为突破口，通过政府监督管理、龙头企业带动等方式，有效推动全村土地实现100%合理流转，为金穗集团现代特色农业发展奠定了坚实基础，引领群众大力发展香蕉和火龙果产业，依托金穗公司的优势资源，大力推进土地流转，成为全区著名的香蕉生产基地，被誉为“广西香蕉第一村”。定江村土地流转模式得到多方认可，并示范带动全县流转土地30.01万亩，极大地提高了隆安县的土地利用率，促进了隆安县现代特色农业的发展。

龙头带动，村企联姻“富”起来。定江村充分发挥金穗公司技术先进、管理领先的优势，引导企业与当地种植大户抱团成立香蕉协会、香蕉合作社等组织，每年牵头开展200多场培训，对周边近20万亩区域内的香蕉种植大户传授先进的种植技术，培养了一大批高素质、高水平的种植能手和科技农民。定江村有700多人通过技术培训成为种植能手，通过统租分包、产业联盟等形式或到金穗香蕉基地就业等增加收入，实现了从知识到财富的转变。在扶贫攻坚过程中，致力于扶贫与发展同步，成为隆安县脱贫攻坚工作的新样本。利用自身优势，定江村积极打造南宁市农业产业化体验培训基地，承接并圆满完成了多项培训任务。据不完全统计，从2015年至2020年6月，自治区、市、县等各级各部门已在定江村开展培训186班次，培训人数达到20000余人次。在企业的带动下，定江村已经成为传播先进科技知识、培养新时代农村农业人才的基地。

情景交融，淳朴乡风“美”起来。定江村通过“新时代讲习所”、党建工作室、农村党员培训中心、廉政书屋等，开展各类宣讲活动和农村党员干部大轮训，积极推动习近平新时代中国特色社会主义思想在农村落地生根，推动社会主义核心价值观融入村容村貌、村规民约，融入村民的思想观念。以景感人，营造浓厚主题宣传氛围。规划建设“那”特色民居，以定江村所辖自然村定典综合示范村建设为契机，在白墙、灰瓦、坡屋顶等壮族特色中融入隆安本土的马头墙、百鸟带等“那”文化元素，房前屋后还保留小果园、小菜园等农家庭院气息，实用性和观赏性兼具。建设特色农业展示馆，集中展示传统农耕农具和“那”民俗文化。发展特色村企文化。通过“那”文化长廊、大石铲雕塑、“那”文化广场建设，充分体现了颇具特色的定江村文化。以贤引路，以新乡贤道德力量引领文明乡风。近年来，定江村共推选出1名自治区道德模范、13户市级“十星级文明户”、21户县级“十星级文明户”，形成定江村的新乡贤群体，成为良好乡风的引领者。以民为本，优化乡村治理。在村民自治方面，在镇党委和村党支部的引导下，定江村党组织着力推行“一约四会”和“一事一议”制度，充分依靠群众群策群力，解决了定典综合示范村建设资金、户型规划等重大问题，理顺了林权制度改革中的各种纠纷，建立了清洁乡村保洁机制等群众拥护认可的规章制度，村庄里随处可见的村屯标语，将社会主义核心价

值观融入大伙看得见、听得懂的“土规定”“土口号”中。

经过积极探索和不断建设，定江村面貌焕然一新，公共服务设施不断完善，民主管理水平不断提高，农业附加值不断增加，休闲旅游功能不断提升，村民幸福感倍增，呈现出“示范有规划、产业特色化、发展科技化、乡村美如画、生活传佳话”的景象，不断发挥“产业支撑、乡村示范、群众受益”的引领作用，实现了从一个普通的致富村到一个综合性、示范性、辐射带动作用强的壮族特色旅游休闲宜居乡村的华丽转身。

玉林市北流市新圩镇

河村

大容山下好风光，土地整治助振兴。以实施全域土地综合整治为抓手，集成推进乡村振兴各方面改革举措，探索出政府主导、市场化运作、农民主体参与的乡村振兴“河村模式”，走出一条以土地整治助力实现乡村振兴的新路子。

河村位于北流市北面，距离北流城区15公里，总面积6.9平方公里，历史悠久，环境优美，人杰地灵。河村作为北流市首批乡村振兴试点村之一，以“因地制宜、围绕发展、力求效益、着眼未来”理念为出发点，探索出一条促进“三农”增产增收、实现乡村振兴的新路子。先后荣获中国美丽休闲乡村、自治区和谐村屯、“美丽北流·最美乡村”、“美丽新圩·清洁乡村”先进村等称号；农村基层党组织评星定级四星级党组织。

实施土地综合整治项目，乡村振兴资金注入“新活水”。挖掘农村土地资源潜力，精心做好土地“资源”变“资产”的文章。北流市创新出台《北流市零星分散农村集体经营性建设用地整治复垦项目实施方案》《北流市自然资源领域土地整治项目服务乡村振兴战略实施方案》等方案，以新圩镇河村为试点，由村级集体经济组织推动实施的零星分散农村集体经营性建设用地入市整治复垦、城乡建设用地增减挂钩整治复垦、“旱改水”耕地提质改造、低效园地残次林地耕地开垦等土地综合整治项目和农村宅基地制度改革试点项目，以镇为单位立项，村具体组织实施。村民合作社下设劳务有限公司，负责承接土地整治项目工作。市里所有项目进入河村，都以村民合作社为主体。通过开展土地综合整治项目和处理农村宅基地制度改革历史遗留问题，与人居环境整治和风貌提升等工程相结合，全村腾垦村庄建设用地复垦为耕地96亩（其中水田75亩，旱地21亩），获得收入876万元；同时通过处理农村宅基地历史遗留问题，共计为乡村振兴筹集资金3876万元，保障了河村整体乡村振兴建设项目的规划、建设、运营等，很好地破解了“地从哪里出”“钱从哪里来”的难题，为乡村振兴建设资金池引入源源活水。同时，村民通过土地出租、股份分红、劳务合作等方面获得多项直接收益。

推动产业整合发展，集体经济鼓足“新腰包”。坚持以土地整治促村级集体经济增收，探索乡村产业发展新路子，增强造血功能。通过实施土地整治项目，对闲置的旧村宅基地和闲置农房进行综合整治，腾退多余的村庄建设用地、空闲宅基地，按照宜建则建、宜垦则垦的原则，因地制宜发展特色产业，打造乡村旅游产业，做强做大村级集体经济。北流市政府下放土地综合整治项目工程许可，加快项目建设的进度，将工程项目利润、管理费、税费等转化为村级集体经济收入。2019年，河村利用自治区财政专项资金70万元建设河村厂房、支持村民合作社

下属的劳务公司租赁200多亩复垦土地发展生态特色种植业、开展农村宅基地试点改革和统一经营管理音乐吧、稻田民宿、人民食堂等新业态提升村集体收益，村级集体经济年收入达500万元以上。

建设美丽宜居乡村，村容村貌呈现“新颜值”。紧扣北流市委提出的“建设乡村振兴示范带、打造美丽宜居（乡土特色）试点村”思路，通过实施土地整治项目，将散乱、闲置、低效利用的农村建设用地复垦为耕地，对村庄、田、林、水、路等进行综合整治改造建设，改善人居环境，提升乡村风貌。按照“美丽乡村共同缔造”的理念，践行培育一支主导力量、邀请一个专家团队、整合一笔振兴资金、壮大一批集体经济、破解一些农村问题、整理一块农村土地、美化一片新旧房屋的“七个一”工作思路，全面开展“三清三拆”，推进农村人居环境整体提升。如按照“让新房子好看、旧房子好用”的理念，聘请国内知名乡建专家鲍国志团队进行设计，对河村大门至河村小学的1.5公里的主干道两旁新房子，一房一品进行立面升级改造；按照“修旧如旧，就地取材”原则，对河东、河西两大片区的旧房子进行修缮，将部分房屋打造成共享农庄、民宿客栈、茶馆、图书馆、咖啡屋、艺术工作室等。全村一期复垦土地96亩，修缮老房子40栋，改造美化新房子503栋，新建景观13个，河道生态修复、景观提升、路灯安装、招商开店、天网工程等有序推进，产业兴旺、生态宜居的新河村正在逐步变成现实。

充分发挥干群主体作用，农村建设增添“新动能”。一是搭建完善组织体系，凝聚强大合力。坚持党

建引领，发挥村级党组织引领作用，整合各方力量。组建领导干部回乡工作队、第一书记队伍、村民理事会、党员义工队、群众志愿服务队等五支工作队伍，发挥五支队伍作用，凝聚起乡村振兴建设强大合力。截至2020年6月，村党委共组织清拆房屋278处，河东、河西、河中3个乡村振兴理事会筹集到乡村振兴捐款资金17.03万元，村党员、村干部踊跃带头清拆破烂房屋复垦土地10余亩，回乡领导干部带动村民开展清拆、清淤、绿化活动36场次。二是强化激励，激发内生动力。针对乡村振兴人员少问题，由村劳务公司招聘人员充实力量，让广大群众在乡村振兴中发挥才干。推行“基本报酬＋绩效报酬＋集体经济发展创收奖励”结构报酬机制，扭转了以往村干部、村民“出工不出力”“敷衍了事”的局面。村“两委”干部、专干、村民小组长在做好本职工作的前提下，可在劳务公司兼职取酬，也可以担任临时性民生职务取得报酬，从宅基地改革工作中获得专项绩效奖励等，激发干事创业积极性。畅通晋升渠道，聘期内表现优秀、有能力的村民小组长、群众可进入村“两委”后备干部行列，专干可进入村“两委”班子。同时，通过农村建设用地的整治复垦，政府平台公司实施用地指标收购，为集体经济组织带来了收入、农民参加务工复垦增加了收入，提高了村级集体经济组织和农民的积极性，工作从被动变为主动，化解了农村建设难的问题。

巴某村

青山含情，产业打底，旅游拓路，脱贫增收。她积极主动融入“全域旅游”战略，因地制宜发展特色产业，从脱贫村华丽转身为壮民族文化旅游目的地、乡村生态休闲养生旅游目的地。

巴某村地处田阳区南部石山区，位于五村镇西部。巴某村通过深入实施党建引领、乡村治理、风貌改造、环境治理、配套设施提升五大工程，在“十三五”期间实现高质量脱贫，村容村貌焕然一新，村民生产生活条件全面改善，脱贫攻坚和乡村振兴工作成效明显，为同类地区提供了可复制可推广的好经验好做法。巴某村先后获评全国乡村治理示范村、全国乡村旅游重点村、广西五星级乡村旅游区、广西十大最美乡村、美丽广西乡村建设示范村、第十七批自治区文明村以及百色市产业兴旺红旗村、生态宜居红旗村、乡风文明红旗村等，巴某村党支部被中共中央授予“全国先进基层党组织”称号。

稳固三大特色产业，夯实乡村振兴发展根基。巴某村坚持以产业兴旺为重要抓手，在巩固脱贫成果的基础上，持续做大、做强、做优三大特色产业，进一步筑牢群众增收、振兴发展的产业基础。做强种植产业，坚持农业和旅游效益并行，引进田阳茂林农林科技开发有限公司、深圳高尚农林科技有限公司等对农作物基地进行接管运营，同时聘请广西特色作物研究院果树专家长期指导，在提高农作物产值的基础上，打造精品农业观光基地，拓展产业覆盖面和群众增收渠道，做优养殖产业。深化与华润五丰田阳基地合作，重新调整巴某适度养殖区运营模式，由华润五丰田阳基地全盘接管并运营，最大限度发挥适度养殖区的功能作用。做大乡村旅游产业。积极开展乡村旅游推介，纳入广西乡村旅游精品线路；重新引入专业运营团队，培育乡村旅游经营业态，在完成桃李景观园、民宿、农家乐、游客服务中心、花溪水系、跨湖桥、沿湖景观、村史馆、休闲广场等配套设施建设的同时，加大旅游宣传营销力度，深入打造18℃巴某凉泉度假村。

实施“三大提升工程”，打造美丽宜居乡村。巴某村结合“美丽田阳”乡村建设，实施风貌改造、环境治理、配套设施建设三大提升工程，打造山青、水净、村美的宜居乡村，为实现巴某村脱贫奔康、乡村振兴打好坚实基础。实施风貌改造提升工程。完成巴某村各屯太阳能路灯安装；完成加旭屯住房外立面改造、房前屋后空地景观打造，进屯道路景观树种植，沿山、沿路林相改造，5座水湖水生植物种植，屯内水湖清淤、湖坝和驳岸修复以及小绿地、景墙、休闲小广场、庭院立体式绿化等节点建设。完成网络线路提升改造项目。巴某村综合服务中心、村部戏台建成并投入使用，同时，开展百宙—巴某乡村振兴示范带建设。推进巴陋屯、琴雷屯、旧圩屯、驮富屯、大若屯等屯外立面改造，并同步实施巴陋屯景观改造项目建设。实施配套设施提升工程。完成加旭屯环屯东、西路建设，完善路网体系；完成坡洪至惠洞水库道路安防、安怀屯至供港基地四级路及支线水泥路、巴某村桃李景观园水泥路等项目建设；完成坡洪至惠洞水库旅游通道提级改造项目测量，并开工建设天阳至巴某三级沥青路；完成巴某片区人饮及灌溉设施提升工程以及生态扶贫农田水利、高效节水灌溉项目建设等。

强化“四治”融合发展，推进乡村治理现代化。巴某村始终强化党建引领，通过支部带动，以创建星级化党组织、开展“乡村振兴 · 争创五旗”为重要载体，深入推进自治、法治、德治、智治深度融合的乡村治理工作。加强村民自治。各屯均设立村民理事会，成立村民议事会、道德评议会、红白理事会、禁毒禁赌会等下辖组织；加大爱心公益超市运营力度，建立“正负”加减积分机制，组织群众开展“美丽家园 · 争当文明”评比活动，并结合乡村垃圾分类试点，将每户垃圾分类成效纳入积分管理，探索乡村治理新方向。加强法治保障。推行“一村一警、一村一法律顾问”常态化工作，及时解决群众诉求；制作各户统一门牌（带二维码）；利用水湖周边、村屯绿道、民居墙体、石凳石椅等载体宣传法律法规，展示违法违纪典型案例；组织开设法律讲堂，定期开展“法治讲堂”进村、“家事法庭”入户、“扫黑除恶”宣讲等活动。加强德治教育。引导村民成立山歌队、文艺队等，结合家风、家训编排本

地节目，开展系列活动；定期举办道德模范、好人好事等专题讲座；在微信群、QQ群等现代载体上传播乡村建设成果，提高群众认同感。加强智治辅助。建立大数据信息平台，运用数据信息技术手段，整合村屯建设管理的各项信息，对包括农业生产、环境保护、公共安全、旅游服务等各类情况做出智能响应，有效提升村屯自治工作效率。

嘹啰山歌在这里传唱，时代新风在这里传扬。以山歌文化教化民风，以党建引领带动发展，创新形成“三建五治六共”的党群互动乡村治理模式，实现了乡村精神气提起来。

南宁市良庆区那陈镇

邕乐村

邕乐村位于广西壮族自治区南宁市良庆区那陈镇北面，与大塘镇太安村相邻，距镇政府3.5公里。邕乐村从实际出发，先试先行，着眼自然坡最基础的治理单元，探索首推“三建五治六共”乡村治理模式，成效显著。先后获评自治区级生态村、自治区级卫生村、自治区文明村、南宁市民族团结进步创建活动示范单位、南宁市嘹啰山歌基地等。

以政治为统领，加强党的领导，实现基层治理有魂。一是拓建战斗堡垒，下沉工作重心。通过单独组建、派驻帮建、转接参建，建立健全自然坡党组织，理顺行政村、自然坡两级党组织隶属关系，推行党员编组管理，建立党员中心户“1＋X”联户制，拓宽党的工作范围。二是实行党领群建，搭建共治平台。建立自然坡党群议事会，设置“党群议事厅”；成立自然坡户主代表会、村民理事会以及各类群众组织、社会组织；厘清自然坡“一部三会”和各类群众组织的角色定位、职责关系和运行规则，构建“一核三体多元”党群共治组织体系。

以自治为基础，突出群众主体，实现基层治理有力。一是探索两级自治，调整治理单元。并行实施行政村、自然坡两级村民自治，建构形成“乡镇—行政村—自然坡—村民小组”的农村基层治理单元体系。二是开展党群互动，健全自治组织。推选农村党员、“两代表一委员”、乡贤义士、经济能人等优势人才资源共同组成“一部三会”，组建老年助攻队、巾帼义务队、青年突击队等群团组织以及农村经济合作社、乡村建设基金会、人民调解委员会等社会组织协同推进坡级事务，构建基层群众工作体系。三是实行服务前置，丰富自治功能。成立自然坡党群服务中心，开展上门服务、陪同服务等各类创新服务，帮助老、弱、残群众办理补助和缴费事项。实施简政放权，在法规许可的范围内，自然坡层面的基础设施建设、公益事业兴办以及集体经济发展等坡级事务由村民自主进

行，坚持做到“三放三不”：把依法自主决策权、资金合法使用权、农村事务管理权放给群众，不干预基础设施项目的承建、项目筹集资金的使用、民主治理事务的运作。四是落实资金支撑，保障规范运转。通过向上争一点、财政补一点、部门帮一点、镇级筹一点、村里出一点、社会投一点的“六个一点”，多元筹措资金投入，统筹整合利用脱贫攻坚、乡村建设、农业产业等涉农资金，建立资金重点倾斜、项目集中投放等保障机制，破解基层组织“无钱办事”的问题。

以法治为保障，筑牢法治根基，实现基层治理有序。一是推进党群共治制度化建设。推行坡级事务决策和办理，按照“收集村民建议—党组织提议—党组织、村民理事会商议—党群议事会审议—户主大会决议”和“商议事项公开—审议程序公开—决议结果公开—实施方案公开—办理结果公开”的“五议五公开”制度，组建“三土六员”（讲土话、吃土菜、办土事，普法宣传员、综治维稳信息员、村民维权员、矛盾调解员、特殊群体帮教员、平安建设助理员）队伍。探索实践“一村一法律顾问”，推动社会治安防控力量下沉，打通法治服务群众的“最后一公里”。二是推进村规民约规范化建设。提炼升华群众约定俗成的公序良俗、传统美德，融入村规民约加以规范，夯实“草根法规”。推行农村基层治理契约，订立“股权分红＋激励红利＋基层治理”集体收益分配契约，形成“联产联业”“联股联心”“联管联治”的经济利益链接、契约约束。三是推进法治宣传阵地化建设。充分利用人文优势、地理环境以及基础设施，融入丰富多彩的法治元素，建设法治文化广场、法治雕塑、法治墙绘、法治园地、法治宣传栏等法治阵地，推动法治精神、法治理念走进每家每户。

以德治为先导，强化道德调节，实现基层治理有根。一是坚持以规立德。强化村规民约的道德激励约束，引导群众自我规范、自我约束，实现家庭和睦、邻里团结、干群融洽。依托乡风文明促进会、红白喜事互助社、山歌文艺队等群众组织，通过自我管理、自我教育的方式，破除陈规陋习、提倡移风易俗，提升德治水平。二是坚持以文弘德。挖掘传承民俗、节庆、耕读、家风等优秀特色文化，弘扬慈孝、和善、诚信、勤廉传统美德，广泛开展社会主义核心价值观宣传教育，促进社会和谐、增强文化认同。加强文艺戏台、农家书屋、村史展厅、人文廊亭等文化阵地建设，结合人文精神、文化故事、传统文艺传承，推动基层治理的精神家园建设。三是坚持以评兴德。建立道德档案，开辟“善行义举榜”，搭建弘扬人间真善美、传递社会正能量的良好平台。开展“先锋党员”“道德模范”“杰出乡贤”“勤劳致富能手”“最美庭院”“最美家庭”“星级文明户”以及“好儿女”“好媳妇”“好公婆”等先进典型评选表彰活动，传播“好人”精神，打造“好人”文化，带动村民社会道德文明水平提升。四是坚持以教传德。开设“道德讲堂”，通过“身边人讲述身边事，身边事带动身边人”倡导文明乡风。开展“家风家训”上墙公示，组织编好村志家谱、讲好家风故事、立好家训家规、建好宣传阵地、评好先进典型，通过好家教、好家风、好家训带出好乡风、好民风。五是坚持以行促德。深入开展“扫黑除恶”“扫黄打非”“打非治违”“反腐倡廉”等专项行动，加强综合治理、综合施策，弘扬向上、向善的社会正气，推动农村德治的良性发展。

以智治为支撑，用好技术方法，实现基层治理有方。一是拓展农村“网格化”管理。推进完善镇、村、坡、组四级网格化服务管理平台，实行一个村民小组建立一个终端网格，每个终端网格实行“一格两员三定”（一个网格、一名管理员、一名协管员，定人、定岗、定责）责任机制，实现情况掌握在基层、问题解决在基层、矛盾化解在基层、工作推动在基层。二是推进治理“智能化”建设。发展智慧农业，建设电商服务平台，推动农村经济提档升级。完善自然坡视频监控网点建设，安装一键紧急求助报警装置。利用互联网创立微信群、QQ群等网络互动平台，及时发布政策信息，实现群众办事“最多跑一次”。三是加快设施“城镇化”配套。开展“新型农村社区”“最美乡村”创建活动，改善乡村人居环境，提升村民的归属感和认同感。加大道路交通、人饮安全、污水处理、文化娱乐、医疗卫生等民生保障项目和公共服务设施的集中投放力度，增强群众的获得感和幸福感。

梧州市藤县象棋镇

道家村

千年文脉谱新篇，“四美”乡村领振兴。注重发挥宜居、宜业、宜游三大优势，做大做强乡村振兴产业，谱写“科学规划布局美、村容整洁环境美、产业兴旺生活美、乡风文明身心美”的“四美”乡村振兴新画卷。

道家村位于藤县南部，距县城61公里。在坚持文旅融合发展过程中，道家村的农业、服务业、民宿业等蓬勃兴起，当地村民通过出租土地、竹林、民房等资源及参与景区务工，在家门口实现就业增收。道家村是全国生态文化名村、全国休闲农业与乡村旅游示范点、全国“景区带村”旅游扶贫项目示范点、广西特色名镇名村、广西特色旅游名村、2019年中国美丽休闲乡村和全国乡村治理示范村。

强化组织领导，统一协调各项工作开展。市委市政府主要领导带领市农业农村局、市住建委、市文旅局、市振兴办等部门的相关领导，深入道家村实地调研乡村振兴工作，并就具体问题做深入指导。县委县政府亦高度重视道家村的乡村振兴工作，由县委主要领导挂帅指导工作，并成立了乡村振兴工作领导小组。象棋镇也成立了乡村振兴工作领导小组，由党政主要领导任组长，统筹部署乡村振兴工作。领导小组下设产业发展组、乡村建设和生态组、乡风文明建设组、组织建设和人才组、乡村治理组、项目建设组、督查指导组等7个专项小组，具体负责乡村振兴各项工作的落实。

强化村民主体作用，解决重难点问题。在开展乡村振兴工作中，在镇党委政府的领导下，以乡村振兴工作领导小组为组织机构，充分调动党员、村民理事会成员、村民小组组长、村里有威望的老人、产业带头人等积极性，深入群众，为推进乡村振兴工作做好各项协调工作。如：道家码头的一块土地归属存在很大的争议，属于历史遗留问题，多年进行协调未能解决，工作组先后发动理事会、当事人亲朋好友、小组组长组成问题协调专门工作组，多次入户进行协调，最终问题得以解决。又如：村民对道家小学路口的集体土地建设用途持不同意见，有些人想用来做娱乐区，有些人说建停车场，无法形成共识，项目无法施工。工作组闻讯，马上调动几个村民小组的乡贤力量，多次深入村民家中进行宣传、解释，最终使村民们形成了尊重规划的共识。开展乡村振兴工作以来，充分发挥党员、村民理事会成员、村民小组组长、村里有威望的老人、产业带头人等乡贤作用，成功协调解决各类难点问题20多件，使乡村振兴工作得以顺利开展。

强化规划先行，扎实开展基础性工作。2019年10月，《象棋镇道家村乡村振兴示范点村庄规划》由道家村村民代表会议审议通过并公示。根据道家村的整体规划，对道家村村委片区、入村主路区、新村屋区等16个区域进行改造提升。重点实施村庄的垃圾分类改造、污水收集处理设施改造、村道巷道硬底化、绿化美化、公共文化体育设施改造等项目。为了保证项目能顺利实施，在县级、镇级党委政府的正确领导下，村里多次组织发动群众开展“三清三拆”活动，共清理乱堆乱放柴草杂物、落叶垃圾、沟渠淤泥等100多处，重约1600多吨，拆除危、旧、弃房，乱搭建的帐篷建筑物等7000多平方米。活动充分调动了群众的积极性。

强化创新方式，全力推进项目建设。由于乡村振兴的项目时间紧、任务重，道家村大胆采用EPC总承包模式，把工程的设计、采购、施工工作全部委托给联合体工程总承包商，总承包商对工程的安全、质量、进度和造价全面负责。整个项目的统筹规划和协同运作，可以有效解决设计与施工的衔接问题、减少采购与施工的中间环节，顺利解决施工方案中实用性、技术性、安全性之间的矛盾；可以将业主从具体事务中解放出来，把关注点转移到影响项目的重大因素上，确保各种问题得到快速有效解决，最终使项目得以快速推进。

强化文化引领，积极探索添砖加瓦。象棋镇积极探索创新，利用自有资金进行提升。将《道德经》经典语句在道家村进行一句话式展示，提升了村民文化品位；利用四知堂进行廉政教育警示式展示，将其打造成附近比较有名的廉政教育基地；充分利用红色电视剧拍摄基地身份优势，还原电视剧的经典场景，打造爱国主义教育基地；利用流转的300多亩土地，进行特色种植，打造观景步道的一道靓丽风景；对道家村原有的小菜园、小果园、小花园进行美化，加装篱笆6000多米，打造令游客赏心悦目的生态小菜园、小果园、小花园。

“关关雎鸠，在河之洲”。国门党建树立信仰标杆，兴边富民成就长治之业，她是兴边固边与乡村振兴的美丽先行者。

防城港市东兴市东兴镇

河洲村

河洲村位于东兴市东兴镇的北面，地处丘陵地区，总面积32平方公里，其中耕地总面积3050亩，林地面积为24500亩；下辖6个自然村，24个村民小组，共有789户3009人，流动人口800人。村中居住着汉、京、瑶、侗、苗、壮等民族，是个多民族聚居的生态宜居乡村。近年来，河洲村荣获全国科普惠农兴村先进单位、全国先进基层党组织、全国精神文明村镇、自治区先进基层党组织、自治区级生态村、自治区级农村社区建设试点社区、广西“红姑娘”红薯村、广西壮族自治区卫生村、全市休闲农业示范点、“清洁乡村·十佳乡村”等称号。

加强党建引领，夯实基层战斗堡垒。河洲村党支部着力提升基层党员干部党性修养，努力培育出一支政治合格、素质过硬、能力突出的“车头式”队伍。全村现有中共党员27名，围绕不同特色产业组建了五个党小组，即边贸党小组、兰花党小组、“红姑娘”红薯党小组、高吉党小组和冲满党小组。近年来，村党支部完成了河洲新农村建设的总体规划、产业发展总体布局规划、特色绿色生态农庄的规划和中心区建设及新型农村家园的效果设计等，抓特色重发展，以土地招商方式，大力发展绿色、观光、生态农业，先后建设了东镜岭生态园、文化娱乐休闲广场、休闲农庄、公共服务中心等一系列基础配套设施，打造幸福宜居的绿色家园。

整合自然历史人文资源，打造国门党建新标杆。在上级党委、政府的领导下，河洲村“两委”积极创新工作方式，整合自然历史人文景观，培育国门兰花基地、东南亚水果种植基地、“红姑娘”红薯、河洲绿茶、河洲绿色蔬菜等生态观光农业资源，打造陈济棠故里、项氏祠堂、诗经爱情文化（关关雎鸠，在河之洲）、河洲炒茶等人文历史景观。同时，倡导将历史文化传承与现代文明相结合，将社会主义核心价值观融入人民的生活和信仰。

以生态宜居为抓手，建立健全农村生活垃圾治理长效机制。河洲村以建立完善保洁长效机制为抓手，配齐环卫设施，提高村民环保意识，提升村委治理能力，不断改善村庄人居环境。一是完善保洁设施。确保全村各个生产小组户有垃圾桶、村有中转箱和转运工具，有效提升农村生活垃圾治理率。二是抓好村庄保洁队伍建设与管理。按一个村屯配备一名保洁员的标准，组建了一支有责任敢担当，能吃苦耐劳的保洁队伍。三是建立和完善保洁长效机制。构建“四级联动”网格管理长效机制，明确村组责任，落实“村规民约”“门前三包”等制

度，进行保洁责任区划分，强化村委自治管理。四是落实保洁经费。通过镇村两级共同筹措保洁经费，为乡村清洁工作开展提供了资金保障。镇里年初制定保洁经费预算，落实保洁员及垃圾清运司机工资，村级实行保洁费收取制度，落实环卫设施维护及环境整治费用。五是实行常态化督查。村里设立卫生督察员，并开展日常督查，发现问题及时通知整改，对保洁责任区和保洁员进行网格化管理，切实把监督工作压实。

加强产业发展，取得兴边富民新突破。河洲村结合自身地域特点和发展现状，制定本村乡村振兴产业规划，以打造“东兴后花园”为目标，大力发展兰花、“红姑娘”红薯、淮山、牛古大力、金花茶、茶叶、玉桂等特色种植产业，以及黄牛、鳄鱼等养殖产业，建立种植养殖基地1000多亩。河洲村人均收入在2019年时就已达到1.9万元，集体经济收入超过10万元。

抓和谐促平安，确保社会稳定发展。河洲村始终坚持把和谐稳定作为经济社会发展的前提，积极推进社会综合治理、信访维稳、矛盾纠纷调解、平安东兴建设等各项工作，历年来各类矛盾纠纷事件调处率达100%。一是推进平安乡村建设工作，建设村级综治中心1个，全村安装高清摄像头6个，共划分网格6个，配备专职网格员6名。每个网格员配备一个手持移动终端，每天在所负责网格中走访服务，将采集到的信息上传综治信息系统，实现大事全网联动、小事一格解决，有效打击违法犯罪行为，治安环境得到切实改善。二是积极开展反走私宣传，突出抓好边境管控工作，维护了边境的和谐稳定。三是积极开展提升群众安全感宣传活动，村干部走访全村农户789户，共发放宣传资料1500多份，登记电话号码1000多个。

南宁市宾阳县陈平镇

名山村

山不在高，有梅则名，梅香素雅，浸染清朗乡风。陈梅古韵擦亮南国梅谷旅游文化品牌，生态村落走出农文旅融合的乡村振兴之路。

“梅花之乡”名山村生态旅游资源丰富，有“天然氧吧”之美誉。全村共有村民2766人。名山村充分发挥资源优势，创建了县级现代特色农业示范区——陈梅古韵休闲农业示范区，被评为广西四星级乡村旅游区、市级乡村振兴示范村，2019年名山村获得“国家森林乡村”称号。

依托“梅”的优势，促进产业兴旺。一是依托当地优越的自然生态环境和良好的土壤条件，坚持以农民增收为核心，以市场为导向，大力发展特色水果种植。该村种植有酸梅果3400亩共计20万株，砂糖橘、沃柑、茂谷柑、火龙果等水果约1300亩，年产水果达585万斤，产值2500多万元。二是引进龙头企业在名山村投资建设产业，建立了“名山农产品深加工研究所”和“名山野生酸梅酒生产技术研究中心”，大力发展水果种植加工、中药材种植加工和农业休闲旅游产业，逐步形成三产融合发展的局面。三是利用名山丰富的生态资源，发展休闲养生旅游业。自2015年以来，连续五年举办

宾阳县陈平镇旅游登山梅花节，累计吸引游客超过15万人，极大提高了当地旅游知名度，推动当地餐饮、农家乐、农特产品销售等产业的融合发展，助推了农民增收。四是通过旅游业带动，大力发展劳务经济，加大劳动技能培训和有组织输转力度，每年输转劳动力500人次，劳务收入在农民人均纯收入中的占比逐年提高。

发挥“梅”的作用，促进生态亮丽。名山村牢固树立“创新、绿色、协调、开放、共享”的五大发展理念，与《宾阳县陈梅古韵休闲农业示范区建设规划》相衔接，把村庄改造、生态建设和产业发展相结合，与现代特色农业示范区、美丽乡村标准化试点项目协同发展，编制了《南宁市宾阳县陈平镇名山村委三联村村庄规划》。在原有房屋、传统老屋建设修缮的基础上，结合三联村“梅”文化底蕴和乡土特色，实施民居房屋立面改造85座。在村“两委”的带领和指导下，在环境卫生治理和生态绿化保护方面，建立长效机制，全村绿化覆盖率达80%以上。村民全部饮用标准化自来水，生活污水直排做到零排放。建设有村级污水处理站一座，基本实现雨污分流，养殖污染得到有效治理。充分利用优质的生态资源，建设了梅溪休闲旅游区、层森叠瀑亲水体验区、百花休闲园以及6个农业观光园。

抢抓“梅”的契机，促进生活富裕。名山村以创建陈梅古韵休闲农业示范区、三星级乡村旅游区、市级乡村振兴示范村为契机，基本完善文体娱乐基础设施。建设游客服务中心2座，村史室1座，农特产品展销中心1座，文化广场2000平方米，星级旅游公厕2座，停车场3200平方米，游泳池1个，景观湖2个，景观休闲长廊、平台、休闲凉亭等多处。建成通往主峰的登山步道3条约5200米，通往名山顶、天堂顶的上山车道2条，天堂顶至仙女峰的山顶观光旅

游栈道1.6公里。村民文化生活空前活跃，健康生活理念不断增强。扩建了景区道路5公里，硬化村庄道路4公里，安装太阳能路灯130杆，通过不断完善健全公共服务场所和公共交通基础设施，名山村面貌焕然一新。完成了产权制度改革试点工作，村民不仅在土地入股和流转中得到了分红、租金，同时还通过参与建设、管理和提供劳务等得到了可观的收入。

启用“梅”的纽带，促进组织强盛。强化村级党组织在乡村治理格局中的核心地位，以党员为“根系”构建村到组、组到户、户到人的三级党建网格，成为名山村日常基层治理的重要组织保障。一是在村级公共服务中心的基础上，建成党支部办公室、党员培训室、农家书屋、卫生服务室、文化活动室、远程教育网络点、妇女儿童之家、警务监护室、调解室等多个功能室，为群众提供便捷服务。二是健全村民会议和村民代表会议、村务公开、村民议事等制度，建立和完善农民理事会、村务监督委员会等组织，推行“四议两公开”“一事一议”等工作方法，村级民主决策、民主管理水平进一步提高。

百色市凌云县下甲镇

加西村

拾蚕蚕如指、出桑桑如掌、小小桑蚕“抽丝剥茧”织出致富“新丝路”，自治为基、法治为本、德治为先、乡村治理“三治融合”引领振兴“新风尚”，“美丽广西”乡村建设示范村屯。

加西村位于下甲镇东南面，辖7个自然屯，12个村民小组，居住壮、瑶两个民族，共284户1285人，党员42人。2017年起，连续3年被自治区授予五星级党组织，2018年被评为自治区“美丽广西”乡村建设示范村，2019年被评为自治区文明村镇，并被百色市委、市政府评为生态宜居红旗村、产业兴旺红旗村、生活富裕红旗村。

抓产业实现村强民富。加西村近年来依托产业扶贫项目，探索实行“党支部+能人+合作社+农户”的发展模式，多方发力，共发展有桑蚕、红薯粉加工、八角、油茶、肉猪、乌鸡等产业。特别

是桑蚕产业，覆盖面广，效益好。加西村从2011年开始种桑养蚕，最初在村党支部的提议下，12名党员和能人率先成为第一批种桑养蚕户，示范种植72亩桑园，并且培养出一批种桑养蚕的土专家及技术能手。通过以点带面、示范引领，短短几年，全村就发展种桑养蚕户187户，其中贫困户29户。种植桑园2800多亩，建有总规模超过10000平方米的标准化蚕房116座，以及1座面积为120平方米的小蚕共育室。为使分散的种养户有组织、有规模地参与桑蚕产业发展，加西村成立村民合作社、桑蚕专业合作社，统一开展桑苗项目采购、种养技术培训和病害防治，并与县里的丝厂合作，制定保护价解决蚕茧销售的问题，打消桑蚕种养户的后顾之忧。紧密的联结机制把合作社、群众、缫丝厂打造成一个互相依存、互相促进的经济利益共同体，真正实现了连片开发、集中种桑，分户管理、全程服务，利益共享。仅2019年，加西村鲜茧产量就达到30万斤，养蚕收入超10万元的有3户，年人均纯收入8826元。在村民富的同时，加西村还通过出租村集体蚕房，发展养蚕示范基地、养猪场、养鸡场，以及引进龙头企业带动等方式壮大发展村级集体经济，以桑蚕为带动的多产业发展效益十分显著。

抓治理实现文明乡风。加西村坚持党建引领、自治为基、法治为本、德治为先的乡村治理模式，带动全村群众争创文明乡风。一是不断加强基层党组织建设，提升乡村治理“内生力”。二是村“两委”平均年龄下降到36岁，均为中专以上文化程度，干事创业的活力十足。制定村规民约，组建“四会组织”，规范村民内部行为准则。三是加强基层法治保障，提升乡村治理“硬实力”。加西村注重系统治理、依法治理、源头治理、综合治理，每年开展一次常态化法治宣讲，规范村级综治中心建设，建立完善村级人民调解委员会，组建加西村义务巡逻队，将网格化服务管理体系和社会治安防控体系协同推进，打造和谐平安家园。四是推进基层德治建设，提升乡村治理“软实力”。加西村强化道德教化作用，培育和践行社会主义核心价值观、弘扬“孝善和诚俭美”传统美德。加强党员干部现代远程教育站点、农家书屋、文化活动室、公共服务中心的建设和管理，积极开展“五最农民”“最美老人”等先进典型评选活动以及开展篮球赛、春节晚会、百家宴等丰富多彩的文体活动，充实村民的精神文化生活。

抓基础实现生态宜居。加西村按照生态宜居的要求建设新村，近年来多渠道争取投资3000余万元用于基础设施建设，完成7个自然屯的通屯道路和6条生产道路硬化及人饮工程、宽带网络、农网改造、整屯立面改造、村屯绿化和亮化、田园综合体项目、加西小学学生宿舍楼建设，新建村公共服务中心、篮球场、卫生室及戏台，村容村貌得到了极大改善，村民真真正正地得到了实惠。在管理上，加西村组建了村级和屯级理事会，负责村内“三清三拆”工作和环境监督，实施统一规划，增强农户合理建房、规范建房意识。同时，加大宣传教育工作力度，积极发动全体村民对全村的环境卫生进行整治，改变了过去的“脏、乱、差”现象，树立文明健康的新风尚，极大地提高了广大村民建设新农村的积极性。如今的加西村楼房错落有致，路面干净整洁，周边高山叠翠，河水逶迤东去，一个花园式的美丽乡村逐渐呈现在人们面前。

崇左市凭祥市上石镇

练江村练屯

探访入云高峰、见底清流，寻得如画田园、流韵壮乡，这里是美丽乡村建设样板、第四批全国农村综合改革标准化试点。

练江村练屯毗邻伏波山森林公园和板灵河，共有158户604人，其中党员15名。2018年年初入选广西美丽乡村建设标准化试点村屯，是全区4个试点单位之一。2020年4月，练屯作为全区唯一入选村屯获批创建第四批全国农村综合改革标准化试点。先后荣获自治区绿色村屯、崇左市级魅力村庄等多项荣誉称号。

美丽练屯，规划先行。练江村练屯通过创建广西美丽乡村建设标准化试点村屯工作，依托自然资源优势，在总体规划建设、发展现代农业、保持农村田园风光、引导制定实施村规民约等方面打造出一个美丽乡村标准化“练屯样板”，构建出一套“练屯版”美丽乡村标准化建设体系，包括通用基础、村庄建设、生态环境、产业发展、村庄管理五个子体系，以及符合美丽乡村建设标准要求的村庄规划、村庄建设、生态环境、经济发展、公共服务、乡风文明、基层组织、长效机制等八大方面内容。清晰的实施路径，让练屯在农村综合改革标准化建设中走在前列。

美丽练屯，产业为基。以“支部＋合作社”的新型产业经营模式，把党支部政治上的优势和专业合作社经济上的优势“合二为一”，使特色产业得到快速发展，农民群众得到实惠，呈现出党建和经济发展“双赢”的良好局面。练江村练屯农业专业合作社示范基地流转土地110亩，种植的百香果每亩产量2000多斤，亩产值达到6000多元，百香果“香”百农，已经成为村民的致富果。依托丰富的水资源，练屯带动周边村屯发展小龙虾养殖规模已经达到10亩，年均产值每亩8000元，带动解决周边农民就业30余人。此外，还持续发展“凭辣1号”辣椒、黑皮冬瓜等特色产业，大棚套种模式得到积极推广。

美丽练屯，风貌提升。推行党群理事“五动工作法”，突出群众主体，充分发挥屯级理事会的作用，全面推进“和美练屯”建设。全屯硬化道路3000多米，修建排水排污沟1800多米，整治鱼塘清淤5.8亩，建设污水净化池2处，完成150多方饮水池建设与3500多米饮水管道铺设，发动群众种植紫荆花、九层皮、桂花等绿化树种，建成公共绿地将近6亩，安装太阳能路灯80盏。拆除和整治600多平方米的乱搭乱盖房屋、乱堆乱放杂物，建设长0.4公里的环屯景观道，完成农房“壮锦”特色立面改造52户，绘制壮乡图腾文化墙、设立村史馆和爱心超市，村容风貌的“壮乡”特色更为鲜明，美好田园生活变得更加丰富立体，触手可及。

美丽练屯，乡风清朗。练屯党支部立足职能，结合农村文明实践，积极推进清朗乡风建设。通过组织召开党员和村民代表会议、不定期入户走访、邀请市场监督管理部门现场指导、

邀请技术专家面对面授课等方式，传递清廉价值理念。大力发展乡村旅游业，打造桂商现代农业生态园、现代农业标准化产业园、宝岛美人椒四星级乡村旅游区、美人山民宿等休闲娱乐新项目。每年举办北帝庙会、重阳节文艺表演、麒麟归山海民俗文化活动等，丰富群众的文体生活，让村民充分享受美丽乡村标准化建设成果。

桂林市七星区华侨旅游经济区竹江村委

沙洲村

以花为媒，文化为魂，汲漓江山水之风韵，聚华侨文化之精髓。她在城郊乡村产城融合发展的大道上探索前行，以现代园区、美丽乡村托起农民生活的富裕富足。

按照“强队伍、聚人心、优环境、促产业”的“党建四方法”，沙洲村通过建强自然村党小组，建立党员包户联系制度，打造乡村振兴示范点。近年来，农业产业发展提质增效，农村人居环境得到较大改善，乡风文明得到有效治理，村民的生活水平不断提高，群众的获得感幸福感明显增强。先后被评为自治区“绿色村屯”、桂林市新农村建设示范点和七星区“平安乡村”。

党员带头，让沙洲靓起来。大力开展“党建＋”活动，组织驻村工作队员、辖区各党支部委员及村组干部、代表外出参观学习新农村建设、特色产业种植、古村落的保护和建设等先进经验和做法，为村庄建设出谋划策。打造沙洲村党群活动中心，建立绿水青山党员服务队，发挥党员先锋模范作用，定期开展村公共区域清洁打扫活动。对村内的公共设施进行提升改造，实行雨污分设、建设污水处理站，实行生活垃圾分类收集、厨余垃圾沼气池处理，制定村民房前屋后室内环境卫生标准。完成全村自来水进村入户、村篮球场和文化室建设、房屋外立面改造，房前屋后绿化、美化、亮化建设，村道巷道硬化。通过整治基本上达到了村庄、道路、池塘、水沟洁净，在党员的带动和村民的积极参与下，彻底改善了村容村貌和群众生产生活条件，增强了基础设施对经济发展的支撑力。

巧用绿色资源，让沙洲富起来。通过土地流转，“一米阳光”花卉种植基地落户沙洲村，正式开启了沙洲村“花样经济”模式。在“公司+农户”模式的帮助下，鼓励村民扩大大棚种植面积，将特色民宿置于花海之中，让农村资源变成资产，打造“春有花，夏有树，秋有果”的乡村田园旅游景观。同时充分利用紧靠漓江的独特地理优势，创建集吃、喝、玩、乐、住于一体的特色田园综合体，以“漓江山水之风韵、华侨文化之特色”为主题，弘扬侨民特色文化，推进辖区农旅品牌建设，实现农旅结合、村民受益。截至2020年6月，全村打造了7家风格各异的特色民宿、30亩蔬菜大棚、50亩采摘果园，每年吸引大量的游客前来观赏、旅游休闲。沙洲村成为桂林展示“绿水青山就是金山银山”的重要窗口，也成为村民快乐奔小康与生态保护有机融合的标准样本。

创作本土文化故事，让沙洲雅起来。培育挖掘懂乡土文化的本土人才，积极组织村文艺队参加新春游园、学雷锋、“美丽侨乡·三月三”、桂侨之光、健身舞蹈比赛等各种活动，让农民成为乡村文化建设的主体，自觉参与文化、欣赏文化，大力激发农村的生机和活力。结合当地的社会生活，通过文艺队演出等农村群众喜闻乐见的形式，把科技、卫生、法律等相关知识融入一个个故事中，既丰富了广大群众的业余文化生活，增强了村民的归属感和幸福感，又高效实现了思想文化引领。

图书在版编目（CIP）数据

振兴实践："壮美广西·乡村振兴"特色案例：2021 / 广西乡村振兴战略研究院，人民网广西频道编. —北京：中国农业出版社，2022.3

ISBN 978-7-109-29176-8

Ⅰ.①振…　Ⅱ.①广…　②人…　Ⅲ.①农村－社会主义建设－案例－广西　Ⅳ.①F327.67

中国版本图书馆CIP数据核字（2022）第037121号

中国农业出版社出版
地址：北京市朝阳区麦子店街18号楼
邮编：100125
责任编辑：潘洪洋
版式设计：王　晨　　责任校对：刘丽香　　责任印制：王　宏
印刷：北京中科印刷有限公司
版次：2022年3月第1版
印次：2022年3月北京第1次印刷
发行：新华书店北京发行所
开本：700mm×1000mm　1/16
印张：9.25
字数：120千字
定价：88.00元